FAIRE GARDER SES ENFANTS AU QUÉBEC...
une histoire toujours en marche

LES PUBLICATIONS DU QUÉBEC
1500 D, rue Jean-Talon Nord, Sainte-Foy (Québec) G1N 2E5

VENTE ET DISTRIBUTION
Case postale 1005, Québec (Québec) G1K 7B5
Téléphone : (418) 643-5150, sans frais, 1 800 463-2100
Télécopieur : (418) 643-6177, sans frais, 1 800 561-3479
Internet : http://doc.gouv.qc.ca

BIBLIOTHÈQUE ADMINISTRATIVE
Ministère des Communications du Québec
Éléments de catalogage avant publication

Desjardins, Ghislaine

   Faire garder ses enfants au Québec ——, une histoire toujours en
marche / Ghislaine Desjardins; [réalisé par l'Office des services de garde à l'en-
fance]. —— 2e éd. rev. et augm. —— Québec: Publications du Québec,
© 1991.

   Bibliogr.
   ISBN 2-551-14293-8

   1. Garderie — Québec (Province) — Histoire I. Québec (Province). Office
des services de garde à l'enfance. II. Titre.

   A11 S47 D48 / 1991

Les
**PUBLICATIONS
DU QUÉBEC**

FAIRE GARDER SES ENFANTS AU QUÉBEC...
une histoire toujours en marche

Ghislaine Desjardins

Le contenu de cette publication
a été réalisé par le ministère de la Famille
et de la Enfance.

Cette publication a été produite par
Les Publications du Québec
1500 D, rue Jean-Talon Nord, 1er étage
Sainte-Foy (Québec)
G1N 2E5

Graphisme : François Barrette

Note : Le 2 juillet 1997 étais créé le ministère
de la Famille et de l'Enfance qui regroupait
l'Office des services de garde à l'enfance et
le Secrétariat à la famille.

1re édition – 2e trimestre 1984

Dépôt légal – 2e trimestre 1991
Bibliothèque nationale du Québec
Bibliothèque nationale du Canada
ISBN 2-551-14293-8

Avant-propos

Dans la première édition de *Faire garder ses enfants au Québec, toute une histoire...*, l'historique des services de garde s'arrêtait avec l'adoption de la *Loi sur les services de garde à l'enfance*, en décembre 1979. Depuis dix ans, des pas de géant ont été réalisés : accès accru aux services, financement amélioré, qualité des services en constante progression, établissement de politiques sectorielles, participation des parents et entrée en scène des partenaires socio-économiques, autant de faits qui démontrent le dynamisme et la croissance des services de garde au Québec.

Dans cette deuxième édition, nous avons ajouté un nouveau chapitre qui relate les années 1980 à 1987. Il comprend donc les premiers pas de l'Office des services de garde à l'enfance, sa croissance, celle des divers types de services de garde, l'action des partenaires et des regroupements et associations de services de garde ainsi que la syndicalisation du personnel. Une histoire toujours en marche !

Cette deuxième édition veut également continuer à répondre au besoin exprimé par les personnes œuvrant dans les services de garde ou dans le milieu de la recherche et de l'enseignement qui s'adressent à l'Office pour obtenir des données évolutives sur l'origine et le développement du réseau des services de garde au Québec.

Nous avons donc confié à Ghislaine Desjardins, historienne, le soin de compléter la première édition qu'elle avait rédigé en 1984. Certes, cette fois-ci, les études et documents sur cette période des années 80 étaient plus nombreux ; cependant, nous pouvons nous féliciter de la synthèse qu'a dégagé l'auteure de cette période pleine d'effervescence. Le style est clair et vivant, et le texte devrait intéresser un large public. Pour cette édition, Carole De Gagné, agente de recherche à l'Office, a apporté un soutien constant à la cueillette d'information et à la coordination du projet ; nous l'en remercions. Rappelons enfin que le texte sur la période avant 1980 est maintenu dans la présente édition et qu'il avait été rendu possible grâce aux efforts de l'auteure, Ghislaine Desjardins, et de la collaboration d'Eric Alsène sociologue, qui a participé à la recherche pour les années 1979-1980.

À la lecture de cette histoire des services de garde au Québec, vous comprendrez mieux le chemin parcouru et celui qui reste à faire… Encore beaucoup de travail, de nouvelles mesures à mettre en place qui nous permettent d'être optimiste pour l'avenir des services de garde au Québec.

La présidente de l'Office des services
de garde à l'enfance,

Nicole Marcotte

Table des matières

*À Guillaume, mon fils,
et à tous les enfants
qui fréquentent un
service de garde.*

Introduction

Faire garder ses enfants au Québec, toute une histoire... Et pour cause! Il en a fallu du temps pour que les pouvoirs publics daignent se pencher sur la question des garderies. Dans ce secteur, comme le plus souvent lorsqu'il est question des femmes et des enfants, l'histoire évolue à pas lents. Parsemée d'embûches, jonchée de préjugés, telle se présente la petite histoire des garderies. Plus de cent vingt-cinq ans d'intervention de la part des groupes de femmes : religieuses, philanthropes, bénévoles, militantes qui ont tenté, à différentes périodes, d'organiser la garde de ces enfants souvent laissés seuls dans la rue «la clef au cou», pendant les heures de travail de leur mère.

Il y a donc, au départ, une causalité directe entre le besoin de garderies et la venue des femmes sur le marché du travail salarié. Ce n'est pas un hasard en effet si les premières garderies au Québec apparaissent au milieu du 19e siècle, de pair avec le développement de l'industrialisation et de l'urbanisation. Les sœurs de la Providence et les sœurs Grises ouvrent alors des salles d'asiles dans les quartiers pauvres de Montréal et dans certaines petites villes de la province. Ces établissements, qui sont en quelque sorte les ancêtres des garderies actuelles, reçoivent quotidiennement des centaines d'enfants d'âge préscolaire. Mais il y a aussi les crèches et les orphelinats qui tiennent lieu de garderies car, contrairement à ce que l'on croit habituellement, les vrais orphelins sont plutôt rares! Ainsi, dans le cas de l'orphelinat Saint-Alexis en 1863, seulement 1 % des enfants n'ont plus leurs parents.

Jean-Baptiste Gagnepetit, chroniqueur à La Presse à la fin du 19e siècle, dénonce le fait que les mères «obligées d'aller travailler au dehors pour nourrir la famille» doivent souvent laisser leurs enfants seuls sans surveillance. En 1892, il recommande la création de garderies pour les enfants des ouvrières montréalaises. Il cite en exemple les crèches qui existent alors dans certains pays européens.

Parallèlement aux premières initiatives des communautés religieuses et des organismes de charité pour venir en aide aux parents démunis, subsiste la traditionnelle garde en milieu familial, toujours assumée par les femmes... La grand-mère, la voisine, la grande sœur, la tante viennent tour à tour prêter main forte à la mère surchargée, malade ou occupant un emploi rémunéré. Jusqu'à tout récemment du reste, la garde et l'entretien des enfants étaient perçus comme une responsabilité privée, exclusivement féminine, l'État prétendant n'avoir à jouer aucun rôle à ce niveau.

Il y a bien eu, avant les années 1970, quelques politiques sociales d'aide à la famille (assistance aux mères nécessiteuses, allocations familiales, déduction d'impôts pour les personnes à charge), mais la garde collective des enfants étant condamnée, il n'était pas question pour les gouvernements de s'engager dans ce domaine. Une seule période fait cependant exception: la guerre de 1939-1945. Comme on a besoin de femmes dans les usines d'armements, le gouvernement fédéral, avec l'appui de quelques provinces, met sur pied, en 1942, des garderies pour les enfants dont la mère occupe un emploi reconnu comme essentiel à l'effort de guerre.

Mais en 1945, une fois la guerre terminée, les femmes sont invitées à retourner à leur foyer et les garderies gouvernementales ferment leurs portes. Cependant, avec l'arrivée de plusieurs femmes immigrantes au pays, la participation des femmes au marché du travail salarié augmente, amenant ainsi le développement de plusieurs garderies privées. Toutefois ces garderies opèrent dans des conditions mal connues parce que le gouvernement n'y exerce aucun contrôle. Il faudra d'ailleurs attendre la fin des années 1960 avant que la province intervienne à nouveau dans le secteur des garderies.

Les années 1970-1980 sont déterminantes pour l'évolution du dossier des garderies. La création de garderies populaires financées par le gouvernement fédéral dans le cadre des projets Perspectives jeunesse et Initiatives locales en 1972 donne le coup d'envoi. Les nombreuses pressions exercées par les parents et le personnel de ces garderies amènent l'instauration, par le gouvernement du Québec, d'une première politique en matière de services de garde en 1974: connu sous le nom de plan Bacon en référence à la ministre responsable du dossier, Lise Bacon. Cette politique est largement critiquée parce qu'elle ne subventionne pas les garderies, mais se contente à la place d'accorder une aide financière aux familles défavorisées. Les quelques modifications apportées au plan Bacon entre 1974 et 1978 ne réussiront pas à freiner les pressions incessantes des regroupements de garderies et des groupes de femmes qui exigent des subventions directes et des modes de garde diversifiés pour répondre aux différents besoins.

En 1979, le ministre des Affaires sociales, Denis Lazure, annonce une nouvelle politique de financement pour les garderies. Peu de temps après, le gouvernement vote une loi cadre sur les services de garde à l'enfance. Il s'agit là d'un déblocage important parce que la loi reconnaît un certain nombre de principes que revendiquent les regroupements de garderies depuis près de dix ans. L'État admet cette fois avoir un rôle à jouer dans l'implantation des services de garde et accepte de verser une subvention directe aux garderies. L'Office des services de garde à l'enfance est créé; il entre en fonction à l'automne 1980.

Depuis cette date, de grands pas ont été franchis. Le personnel de l'Office a pris d'assaut les différents dossiers et s'est attelé à la tâche; rédaction de règlement, production de documents d'information, mise sur pied de services de garde dans toutes les régions du Québec et soutien à ces services.

La conjoncture du début des années 1980 n'était pourtant pas favorable à l'Office. Les compressions budgétaires étaient à l'ordre du jour, et dans certains milieux, les services de garde étaient encore loin d'être considérés comme une priorité. L'Office a souvent dû ramer à contre-courant. Il fallait convaincre le gouvernement et l'entreprise privée de l'importance d'offrir des services de garde de qualité. Il fallait aussi prouver aux personnes encore réticentes que la garde collective favorise le développement des jeunes enfants.

Outre cela, l'Office a su également composer avec les regroupements de garderies. Ces groupes de pression ont eu un rôle déterminant parce qu'ils ont poursuivi sans relâche leur travail de sensibilisation aux différents problèmes que vivent quotidiennement les parents et le personnel des services de garde.

L'histoire des services de garde se poursuit donc, grâce au travail inlassable des personnes impliquées dans le milieu. Quant aux acquis, ils sont nombreux. Par exemple, on ne peut nier que depuis dix ans il y a eu une évolution des mentalités au Québec. Le débat sur les services de garde est maintenant sur la place publique. Aucun parti politique ne peut désormais évacuer la question. Au fédéral, comme au provincial, on prépare des énoncés de politique et on reconnaît désormais que le financement des services de garde est une responsabilité collective.

Il paraît bien loin le temps où l'on disait encore «mais qu'est-ce qu'elles veulent les femmes, leur rôle est de rester à la maison pour s'occuper de leurs enfants. L'État n'a pas à payer pour les aider à se soustraire à leur vocation». Et pourtant, c'était encore hier!

CHAPITRE 1

Les garderies au Québec, une histoire vieille de cent ans

« La survivance nationale est entre les mains des femmes », ou l'art de mobiliser le deuxième sexe pour la REVANCHE des BERCEAUX.

Photothèque de l'Office national du film du Canada, SF-1229.

Une nouvelle conception de l'enfance

Le statut de l'enfant a considérablement évolué au cours des siècles dans le monde occidental. Ainsi, dans la société pré-industrielle, il n'y a pas de cloisonnement entre les différents âges de la vie et les enfants se joignent tôt aux activités des adultes. Il semble d'ailleurs qu'on a peu de temps à leur consacrer, les travaux étant nombreux et appelant la participation de tous les membres de la famille. À la ferme par exemple, la mère et les enfants participent étroitement à la production agricole : labour, jardinage, récolte, entretien des animaux, etc.... On comprend dès lors que la période de l'enfance soit relativement courte et que le concept d'adolescence soit pratiquement inconnu dans la société rurale traditionnelle. Par ailleurs, très souvent des grands-parents, des oncles, des tantes célibataires ou encore des domestiques vivent sous le même toit que la famille qui se trouve ainsi élargie. La garde et le soin des jeunes enfants sont alors partagés entre la mère et les autres membres féminins de la maisonnée.

Toutefois, avec le développement de l'industrialisation et de l'urbanisation, on assiste à une modification des structures familiales en même temps qu'à l'émergence d'une nouvelle conception de l'enfance et de la maternité. Peu à peu, le couple et les enfants ont tendance à se détacher de la famille élargie, alors qu'apparaît un nouveau type de famille, centrée cette fois autour du père, de la mère et des enfants. Ces derniers sont d'ailleurs de plus en plus considérés comme l'unique responsabilité des parents, plus particulièrement de la mère, autour de laquelle on développe toute une idéologie sur la vocation maternelle. Les mères sont encouragées à s'occuper elles-mêmes de leurs jeunes enfants et à assurer leur première formation morale. De leur côté, les enfants sont peu à peu dirigés vers l'école et se retrouvent progressivement isolés du monde des adultes.

Ainsi donc, ces changements, et en particulier l'allongement de la période de l'enfance, sont associés étroitement aux transformations de la structure familiale, à l'exclusion progressive des enfants du champ de travail et au développement de l'école.

Les salles d'asile : des garderies de jour pour les enfants des ouvrières au siècle dernier

Dans les années 1850, à cause de la pauvreté qui sévit en milieu urbain, plusieurs mères de familles doivent intégrer le marché du travail. L'industrie manufacturière offre en effet des emplois pour les femmes que l'on retrouve dans les secteurs les plus mal rétribués (vêtement, chaussure, tabac, textile...). Pour ces ouvrières, le lieu de travail est maintenant séparé du foyer et elles ne peuvent plus prendre soin des enfants tout en travaillant sur la ferme ou à l'atelier. Elles doivent alors recourir au réseau traditionnel de solidarité féminine (grand-mère, tante, voisine, fille aînée) ou laisser les enfants seuls, sans surveillance. Plusieurs femmes essaient de contourner cette difficulté. Certaines ouvrières font embaucher leurs enfants à l'usine où elles travaillent ; des domestiques amènent leurs petits avec elles pour la journée ; d'autres enfin effectuent des travaux de couture à domicile, ce qui leur permet de surveiller leurs jeunes enfants.

Pour venir en aide à ces mères dans le besoin, les sœurs Grises et les sœurs de la Providence commencent à accueillir des enfants sur une base journalière. C'est ainsi qu'en juin 1858, une première salle d'asile ouvre ses portes à l'instigation des sœurs Grises. Située dans le quartier Saint-Antoine de Montréal, la salle d'asile Saint-Joseph accueille une centaine d'enfants.

L'expression «salle d'asile» nous vient de France et n'a rien à voir avec le sens commun qu'on lui prête. Il s'agit en fait d'un établissement qui reçoit pendant le jour des enfants de trois à sept ans, soit parce que leur mère est au travail ou que leur logement est trop petit. L'historienne Micheline Dumont relate que plus de 1200 enfants d'âge préscolaire sont accueillis quotidiennement dans les salles d'asile à Montréal, dans la seconde moitié du 19e siècle. Le phénomène n'est d'ailleurs pas exclusif à la métropole. Les sœurs Grises tiennent également des salles d'asile à Longueuil et à Saint-Jean d'Iberville. Selon les annuaires du temps, il est permis de croire qu'il y en a eu aussi à Québec, Saint-Jérôme, Saint-Hyacinthe et Sorel.

Entre 1858 et 1889, les sœurs Grises ouvrent cinq salles d'asile à Montréal. Il s'en trouve également une sixième, la salle d'asile Saint-Vincent-de-Paul, dirigée à partir de 1860 par les sœurs de la Providence. La clientèle des salles d'asile se compose surtout d'enfants d'origine modeste : pères ouvriers, journaliers, artisans indépendants... Les veuves sont relativement nombreuses à y envoyer leurs enfants, car souvent elles doivent travailler comme femmes de ménage ou couturières. Rare sont les enfants de milieux aisés. Le tableau 1 indique les années d'activité de chacune des salles d'asile opérées par les sœurs Grises ainsi que le nombre d'enfants qui les ont fréquentées.

Micheline Dumont estime que plus de 60 271 enfants d'âge préscolaire ont fréquenté les salles d'asile des sœurs Grises à Montréal entre 1858 et 1922. Cependant, celles-ci ne répondent pas à tous les besoins puisque les enfants de moins de deux ans n'y sont pas admis. Comme la fréquentation scolaire dépasse rarement 10 ou 11 ans à l'époque, c'est souvent l'aîné(e) de la famille qui garde ses petits frères et ses petites sœurs.

Le financement de la salle d'asile est assuré en partie par le gouvernement provincial qui verse une allocation de 25 sous par mois par enfant. Toutefois, les contributions gouvernementales vont en décroissant à mesure que l'on se rapproche du 20ᵉ siècle. Ces revenus étant nettement insuffisants, les religieuses doivent donc faire preuve d'imagination pour recueillir des fonds : vente de photographies de la salle d'asile, organisation

Tableau 1
Nombre d'enfants recueillis dans les salles d'asile
des sœurs Grises à Montréal

Nom de l'asile	Période	Nombre d'enfants	Moyenne quotidienne
Saint-Joseph	1858-1899	9 793	242
Nazareth	1861-1914	14 925	?
Bethléem	1868-1903	12 853	350
Saint-Henri	1885-1920	16 700	450
Sainte-Cunégonde	1889-1922	6 000	?

Source : Micheline Dumont, « Des garderies au 19ᵉ siècle : les salles d'asile des sœurs Grises à Montréal » dans *Maîtresses de maison, maîtresses d'école* de Nadia Fahmy-Eid et Micheline Dumont, Montréal, Boréal Express, 1983, p. 273.

de bazars ou de spectacles montés par les enfants, etc. Autant de façons de faire connaître l'œuvre et d'attirer la sympathie et les dons des personnes de la «bonne société». Voilà qui démontre à quel point la salle d'asile est perçue à l'époque comme une œuvre d'assistance qui doit compter en partie sur la charité publique pour fonctionner. C'est d'ailleurs ce qui explique les réticences de certaines couches de la population face à ce genre d'institutions assimilées aux autres œuvres du même genre: crèches, orphelinats, instituts pour aveugles, sourds et muets, aliénés, etc.

La salle d'asile Saint-Joseph
vers 1898. Au premier plan,
des enfants font la sieste.

Archives des sœurs Grises de Montréal.

Après le début du 20ᵉ siècle, les salles d'asile disparaissent peu à peu de la scène montréalaise; certaines ferment leurs portes, d'autres se transforment en orphelinats. Micheline Dumont se demande si cela n'est pas dû, entre autres, au fait que les mères de famille sont moins nombreuses à aller travailler. Elle émet aussi l'hypothèse que graduellement les parents obligés de confier, durant le jour, leurs enfants à l'asile, les y ont placés définitivement, «rendant de ce fait la fréquentation de la salle d'asile encore plus odieuses».

Et parallèlement à ces transformations, on assiste à une augmentation spectaculaire du nombre d'orphelins. La pénurie de garderies amène en effet plusieurs mères (veuves, femmes sépa-

Une salle d'orphelinat vers 1900, aile Saint-Mathieu, Maison mère des sœurs Grises.

Archives des sœurs Grises de Montréal.

rées, mères célibataires) à recourir à l'orphelinat pour faire garder leurs enfants. Le phénomène n'est d'ailleurs pas nouveau et le cas de l'orphelinat Saint-Alexis à Montréal le démontre fort bien. Créé en 1853 par les sœurs de la Providence, cet orphelinat accueille les filles de familles ouvrières en situation de crise (maladie, veuvage, pauvreté, etc.). Or, les chiffres démontrent que celles qui fréquentent l'institution ne sont pas de véritables orphelines et retournent chez leurs parents après un séjour moyen de deux ans à l'orphelinat. L'exemple de l'orphelinat Saint-Alexis n'est sûrement pas unique, car Montréal compte en 1863 une douzaine d'institutions semblables. Plusieurs de ces enfants sont tout simplement abandonnés à la porte des couvents. Les sœurs Grises évaluent à environ six cents le nombre d'enfants ainsi abandonnés chaque année : « Ce qu'il y a de terrible à raconter, c'est que ces pauvres créatures, à moitié gelées quand on les apporte là, meurent presque toutes. Les enfants qui ont résisté sont mis en nourrice et lorsqu'ils sont sevrés, les sœurs les reçoivent dans la maison et les placent plus tard en qualité d'apprentis chez les bourgeois de la ville »[1].

En 1930, la situation n'a guère évolué, seulement un pensionnaire sur dix à l'orphelinat n'a plus ni père ni mère. Cette situation n'est d'ailleurs pas spécifique au Québec, car il semble que de telles pratiques existent également dans les autres provinces canadiennes.

Reste à connaître la véritable clientèle des orphelinats québécois. Combien de jeunes enfants ont ainsi été abandonnés par leurs mères ou placés à l'orphelinat durant la semaine parce que la société ne leur offrait pas les moyens de les garder ? Il y a là, matière à recherche pour les historiennes et les historiens !

1. Cité dans *L'histoire des femmes au Québec depuis quatre siècles*, du Collectif Clio, Montréal, éd. Quinze, 1982, p. 176.

La *Montreal Day Nursery*, la doyenne des garderies en milieu anglophone

Au tournant du siècle, au Canada anglais, des associations de femmes bénévoles issues des milieux aisés entreprennent de réunir des fonds pour mettre sur pied des garderies. C'est ainsi qu'à Ottawa, Toronto, Halifax et Winnipeg, un certain nombre de garderies sont créées. À Montréal, une seule garderie anglophone datant du 19ᵉ siècle nous est connùe, la *Montreal Day Nursery*. Fondée en 1887, cette garderie existe encore sous le nom de Garderie de jour de Montréal et serait, à notre connaissance, la doyenne des garderies anglophones au Canada.

La rareté des garderies pour la communauté anglophone à l'époque laisse croire que le besoin est moins pressant, et que les mères qui travaillent à l'extérieur du foyer y sont beaucoup moins nombreuses. D'ailleurs, selon l'historienne Suzanne Cross, la moyenne quotidienne n'est que de 25 enfants à la *Montreal Day Nursery* en 1899[2]. Il semble que dans plusieurs cas les femmes qui utilisaient la garderie étaient l'unique soutien de famille.

Les frais de la *Montreal Day Nursery* sont assumés encore une fois par les organismes de charité et les collectes de bénévoles. Cependant, contrairement aux salles d'asile, les parents doivent débourser au début du siècle, entre cinq et dix cents par jour, ce qui contribue probablement à éloigner certaines mères. À partir de 1922, la garderie commence à recevoir des subventions de la Croix-Rouge et du gouvernement provincial qui la reconnaît comme une institution d'assistance publique[3]. La *Montreal Day Nursery* est la seule garderie à avoir bénéficié de telles subventions gouvernementales entre 1922 et 1968, exception faite de la période de la guerre de 1939-1945.

---

2. Suzanne Cross, «La majorité oubliée : le rôle des femmes à Montréal au 19ᵉ siècle» dans *Travailleuses et féministes. Les femmes dans la société québécoise* de Marie Lavigne et Yolande Pinard, Montréal, Boréal Express, 1983, p. 76.

3. Selon la Loi de l'assistance publique, le gouvernement provincial s'engage à partager les coûts de certaines institutions privées d'assistance.

À la fin du siècle dernier, la *Montreal Day Nursery* diffère des salles d'asile en ce qu'elle agit également comme bureau de placement. Plusieurs femmes des classes moyennes et supérieures se plaignent de la pénurie de domestiques : la garderie se charge donc, en plus de soin des enfants, de recruter des domestiques sur une base journalière. Celles-ci adressent leur demande à la garderie, laquelle dirige les mères qui y amènent leurs enfants vers les postes disponibles.

La Montreal Day Nursery au début du siècle.

Archives de la *Montreal Day Nursery*.

Par ailleurs, en 1914, les sœurs de la Providence fondent la garderie Sainte-Anne dans le quartier appelé *The Old Griffin-town*. Il s'agit d'un quartier ouvrier composé majoritairement d'immigrants irlandais. Depuis le milieu du 19ᵉ siècle en effet, les mères anglophones irlandaises sont présentes sur le marché du travail salarié. On peut donc penser qu'en 1914 elles se retrouvent encore aussi nombreuses à travailler à l'extérieur du foyer.

«Des repas à un sou» pour les écoliers à la Garderie Saint-Enfant Jésus

La Garderie Saint-Enfant Jésus est fondée en 1919, à la demande des dirigeants des sociétés Saint-Vincent-de-Paul et de quelques citoyens influents de la ville de Montréal[4]. Ce sont les sœurs Franciscaines Missionnaires de Marie qui sont à l'origine de ce projet. Elles n'en sont pas à leur première expérience du genre, ayant déjà mis sur pied une garderie dans le quartier Saint-Malo de Québec, quelques années plus tôt.

La garderie ouvre d'abord ses portes dans une maison privée située à l'angle des rues Saint-André et Robin; l'année suivante, elle déménage au coin des rues Saint-Dominique et Laurier. La garderie, qui comprend également une pouponnière, accueille au début une soixantaine d'enfants dont la mère travaille à l'extérieur du foyer, est malade ou surchargée par une besogne trop lourde. À l'heure du dîner, elle offre des repas à un sou aux écoliers dont la mère est absente. Elle fonctionne sept jours par semaine et organise aussi des activités récréatives pour les enfants durant la fin de semaine. Toutefois, même s'ils sont majoritaires, la garderie n'accueille pas que les enfants pauvres du quartier Mile-End. Certains parents y envoient leurs enfants à cause de la formation qu'on y donne (initiation à l'école primaire, éducation sensorielle, exercices de vie pratique). Ainsi,

---

4. La garderie Saint-Enfant Jésus porte aujourd'hui le nom de Garderie Notre-Dame des Petits.

dès le départ, les fondatrices ont des préoccupations éducatives: l'une d'entre elles a d'ailleurs étudié avec Maria Montes-
sori, la célèbre pédagogue italienne.

Par ailleurs, la métropole sybventionne en partie la garderie
en lui accordant deux cents par jour par enfant. Quant aux
parents, ils doivent débourser une modique somme par
semaine; mais ils ont droit à la gratuité lorsqu'ils ne peuvent
pas payer. Évidemment, les sources de financement ne permettent pas de couvrir toutes les dépenses: entretien de la bâtisse,
chauffage, éclairage, nourriture, etc. Les religieuses font du
porte à porte pour vendre les menus objets qu'elles fabriquent;
des dames patronnesses organisent des manifestations publiques pour réunir des fonds (bazars, tombolas, concerts bénéfices, parties de cartes, soirées dramatiques, etc.).

Les enfants de la Garderie Saint-Enfant
Jésus revêtus du costume fabriqué
par les religieuses.
Archives des sœurs Franciscaines Missionnaires de Marie.

Et la vie quotidienne à la garderie se déroule suivant un horaire bien établi. Entre les repas, les collations et la sieste, les activités physiques côtoient les activités intellectuelles. À la garderie Saint-Enfant Jésus, comme dans les salles d'asile ou à la *Montreal Day Nursery*, on enseigne aux enfants les bonnes manières, la propreté, la discipline et l'obéissance. Ces propos rapportés par une rédactrice de la revue *La Canadienne* qui visita la garderie Saint-Enfant Jésus en 1921 nous le démontrent:

> «À l'heure du repas, la joyeuse troupe enfantine défile au pas militaire, pour se ranger deux à deux et recevoir sur leur petit bras, le tablier bavette à carreaux bleus et blancs pour les petites filles, blancs et rouges pour les petits garçons. Au second signal, chaque enfant met son tablier, les plus petits aidés par les plus grands, et pendant que la sœur marque la mesure, ils défilent devant elle pour venir s'asseoir aux tables basses, où un couvert: assiette, cuillère, gobelet, indique leur place. (...) Tout se passe dans le plus grand calme, la question est résolue: c'est les mains derrière le dos que les enfants voient leurs assiettes se remplir jusqu'au bord[5].»

D'autre part, il semble bien que, depuis le milieu du 19e siècle, les difficultés financières aient toujours été l'apanage des garderies. En 1929, le Congrès des œuvres sociales et charitables se tient à Montréal. Les deux promotrices de la garderie Saint-Enfant Jésus y présentent leurs rapports et y exposent les besoins en matière de garderies. Elles réclament aussi l'ouverture de pouponnières et de centres pour recevoir les élèves des écoles primaires dont les mères ne sont pas à la maison avant six heures du soir en raison de leur travail à l'extérieur du foyer. Sœur Marie-Clairina tente également de persuader les pouvoirs publics d'accorder un certain budget à la garderie Saint-Enfant Jésus. Il en coûterait moins cher, dit-elle, de financer une garderie que de financer un orphelinat...

---

5. Archives des sœurs Franciscaines Missionnaires de Marie.

On est à la veille de la crise économique, et les demandes se font pressantes pour une intervention étatique dans le domaine social.

À la Garderie Saint-Enfant Jésus vers 1930, les enfants font la sieste assis à leur pupitre.

Archives des sœurs Franciscaines Missionnaires de Marie.

CHAPITRE 2

Quand l'État se mêle des affaires sociales

*Une garderie gouvenementale pendant
la guerre. Les Lettres sur le brassard
signifient « Women's Voluntary Service »
et indiquent que le personnel qui
travaille auprès des enfants est bénévole.*

Archives publiques — CANADA — DA 112751

De la Commission Montpetit... à l'adoption de la Loi de l'assistance aux mères nécessiteuses (1937)

La crise économique de 1930 entraîne une augmentation du chômage et la paupérisation croissante de nouvelles couches de la population. Les quelques mécanismes antérieurs d'assistance se révèlent alors impuissants pour venir en aide à ceux et celles qui sont dans le besoin. Devant l'ampleur du problème et les pressions qui surgissent de toutes parts, le gouvernement doit modifier sa politique de non-intervention dans les affaires sociales.

Ainsi, la Commission des assurances sociales de Québec, instituée par le gouvernement provincial en 1930 et présidée par Édouard Montpetit, reconnaît-elle que les institutions privées de charité et les communautés religieuses ne peuvent plus répondre aux nouveaux besoins engendrés par la crise économique et la pauvreté grandissante. Par exemple, certains témoins entendus à la Commission soutiennent que de nombreux enfants sont laissés sous la surveillance de la fillette la plus âgée ou chez des voisins pendant que la mère travaille. Pour parer à ce problème, la Commission Montpetit recommande au gouvernement de subventionner la création de maternelles et de garderies.

Cependant, le travail des femmes mariées, quoique encore marginal, est largement critiqué à l'époque. Quant à la garde des enfants en dehors du milieu familial, elle est peu répandue, voire impopulaire chez les francophones. Dans l'optique de la Commission Montpetit, la mise sur pied de garderies n'a de raison d'être que pour les cas d'extrême nécessité. Proclamant que l'éducation maternelle est la plus valable pour l'enfant, la Commission recommande aussi une forme d'assistance aux mères nécessiteuses qui consisterait à leur verser une pension mensuelle. Sept provinces sur neuf avaient déjà adopté une telle loi au Canada.

Cette demande de la Commission Montpetit pour venir en aide aux mères dans le besoin est mise en veilleuse par le gouvernement libéral d'Alexandre Taschereau. La loi n'est votée qu'en 1937 par le gouvernement de Maurice Duplessis, qui, toutefois, y ajoute un certain nombre de clauses supplémentaires restreignant de ce fait les conditions d'admissibilité des bénéficiaires. Ainsi, sont exclues du programme les immigrantes, les femmes séparées, divorcées ou dont le mari est en prison, les mères célibataires ou celles qui n'ont pas une «bonne conduite morale».

L'objectif de la loi est on ne peut plus clair: «Nous voulons que la mère reste au foyer pour garder et élever ses enfants au lieu de les disperser aux quatre coins de la province». Le programme vise donc à décourager les mères de participer au marché de l'emploi sous prétexte que leurs enfants doivent recevoir une éducation «normale» à la maison. La recommandation de la Commission Montpetit à l'effet que les pouvoirs publics encouragent la création de garderies n'a pas eu de suite. Et pourtant, quelques années plus tard, les restrictions morales envers les mères qui travaillent à l'extérieur du foyer s'atténuent... pour un temps tout au moins. On a besoin des femmes dans les usines d'armements et qui dit effort de guerre, dit effort de garde...

Les garderies de guerre (1942-1945)

Lors du dernier conflit mondial, le manque de main-d'œuvre masculine, ainsi que les exigences de l'effort de guerre ont entraîné une augmentation croissante du nombre de femmes sur le marché du travail salarié. Ainsi, en 1944, plus du quart de la main-d'œuvre est-elle féminine. Beaucoup de ces travailleuses investissent des emplois traditionnellement réservés aux hommes: soudeuses, mécaniciennes, électriciennes, ouvrières dans les industries de fabrication d'avions et de chars d'assaut, etc. Plusieurs délaissent les métiers dits féminins (infirmières, institutrices, services dans les hôtels, les restaurants, les buanderies...) attirées par les salaires plus alléchants qu'offrent les usines de guerre.

Le Service national sélectif, chargé par le gouvernement fédéral de mobiliser la main-d'œuvre canadienne, oriente d'abord

ses campagnes de recrutement vers les jeunes femmes célibataires. Mais peu à peu, il se voit contraint d'inciter les femmes
mariées sans enfants, puis les mères de famille à occuper des
emplois rémunérés.

En juillet 1942, le gouvernement libéral de MacKenzie King met
sur pied un programme axé sur la création de garderies à l'intention des enfants dont la mère est engagée dans un travail
reconnu comme essentiel à l'effort de guerre. Ce système prévoit un partage des frais entre l'État fédéral et les provinces,
les deux niveaux de gouvernement devant chacun s'engager
à assumer 50 % du déficit d'exploitation. Les parents, quant
à eux, doivent débourser 35 cents par jour pour le premier
enfant et 25 cents pour les suivants. Deux provinces seulement
acceptent de conclure l'entente avec le gouvernement fédéral, l'Ontario et le Québec (les deux provinces les plus indus-
trialisées), les autres affirmant ne pas avoir besoin d'un tel
service.

Évidemment, comme il s'agit d'une mesure d'urgence, on n'a
pas l'intention de rendre les garderies accessibles à toutes les
mères qui travaillent. Le programme fédéral-provincial réserve
dont 75 % des places aux enfants dont les mères travaillent
dans les industries de guerre.

Cette restriction soulève des protestations, particulièrement en
Ontario. On estime en effet que cette mesure est discrimina-
toire puisque toutes les industries contribuent d'une façon ou
d'une autre à l'effort de guerre. Une vaste campagne pour en
élargir l'accessibilité est menée en Ontario durant toute la durée
de la guerre par les garderies, les agences d'aide sociale et les
commissions scolaires locales. Au printemps 1944, le règlement
est légèrement modifié : le nombre des enfants dont les mères
sont employées dans des secteurs considérés comme secon-
daires pourra désormais excéder 25 %.

En vertu de ce programme, 28 garderies se créent dans différentes villes de l'Ontario, pour les enfants de deux à cinq ans,
et 42 centres de soins de jour, pour les écoliers de six à seize
ans. Ces centres, qui peuvent être comparés à ce que l'on
appelle aujourd'hui un service de garde en milieu scolaire,

offrent des repas chauds le midi, accueillent les enfants après les heures de classe et occupent les jeunes durant les vacances d'été.

Mais au Québec, seulement 6 garderies voient le jour, toutes situées dans la ville de Montréal. De ce nombre, deux s'adressent aux enfants francophones; les quatre autres sont destinées aux catholiques irlandais, aux anglophones protestants et aux Juifs. Contrairement à la province voisine, le Québec n'a pas établi de programme pour les enfants d'âge scolaire.

Par ailleurs, comme on pouvait s'y attendre, il y a une forte opposition au Québec de la part de l'élite cléricale et nationaliste. La mise sur pied de garderies est perçue comme une intrusion de l'État dans les affaires de la famille. On lance même une croisade contre «ce projet de couleur soviétique qui entasse les enfants dans des parkings» ou des «cages» et leur prodigue une «éducation mécanique»[6]. Le travail des femmes mariées est condamné et tenu responsable de la délinquance juvénile ainsi que de l'augmentation du nombre d'enfants abandonnés. Certains nationalistes vont même jusqu'à prétendre que le travail rémunéré des femmes constitue un complot du gouvernement fédéral pour briser la famille et la nation canadienne-française.

Geneviève Auger et Raymonde Lamothe citent à cet effet les paroles d'une chanson qui dénonce le travail des mères de famille pendant la guerre. Sur l'air de «Marianne s'en va-t-au moulin», on chante:

> *Madame arrive tard le soir (bis)*
> *Et les enfants batt'nt le trottoir. (bis)*
> *Et c'est là qu'ils s'élèvent*
> *Quand c'n'est pas là qu'ils crèvent.*
> *Il nous en fait de beaux chérubins*
> *Le travail féminin!* [7]

---

6. Geneviève Auger et Raymonde Lamothe. *De la poêle à la ligne de feu. La vie quotidienne des Québécoises pendant la guerre, 39-.45.* Montréal, Boréal Express, 1981, p. 126.

7. *Ibid.*, p. 131.

Cette campagne dirigée contre le travail féminin salarié et les garderies gouvernementales a un impact certain auprès de la population francophone du Québec. Par exemple, une des deux garderies destinées aux francophones doit fermer ses portes, faute de clientèle. Pourtant, plusieurs mères de famille se retrouvent sur le marché du travail durant la Deuxième Guerre mondiale. Encore une fois, elles doivent recourir à la traditionnelle garde en milieu familial qui, du reste, dans bien des cas, est assumée gratuitement.

Cependant, si les francophones n'utilisent pas beaucoup les garderies pendant la guerre, il en va tout autrement pour les anglophones et les immigrantes qui se voient souvent contraintes d'inscrire le nom de leurs enfants sur des listes d'attente, faute de places disponibles. C'est pourquoi, en septembre 1945, lorsque le gouvernement du Québec annonce que les subventions seront coupées le mois suivant, les parents usagers de ces garderies signent une pétition qu'ils font parvenir à Québec. Un certain nombre d'associations, dont la *Protestant Welfare Federation,* la *Federation of Catholic Charities*, le *Montreal Council of Special Agencies* et la *Montreal Association of Protestant Women Teachers*, protestent auprès du gouvernement provincial contre cette coupure de subventions aux garderies gouvernementales. Mais, fidèle à lui-même et peu préoccupé des législations sociales, Maurice Duplessis, Premier ministre du Québec, ferme les garderies.

Au Québec, il faudra patienter jusqu'à la fin des années 1960 avant que le gouvernement n'intervienne à nouveau dans le domaine des services de garde à l'enfance. Par contre, en Ontario, sous les pressions des responsables des garderies et des parents, le gouvernement prend la relève et remplace l'entente conclue avec le gouvernement fédéral par une législation provinciale en mars 1946.

Une fois la guerre terminée, les femmes sont invitées à retourner à leur foyer pour remplir leur triple rôle de mère, d'épouse et de ménagère. Malgré cela, leur participation à la main-d'œuvre salariée ne cesse de s'accroître, entre autres à cause de la proportion d'immigrantes nouvellement arrivées. Ces femmes se voient souvent dans l'obligation de rejoindre le marché du travail afin d'assurer abri et pain quotidien à leur famille. Le problème de la garde des enfants est donc toujours présent et sans solution immédiate.

Il y a évidemment les garderies privées, mais le gouvernement provincial ne les supervise en aucune façon et il semble que, dans plusieurs cas, le service laisse à désirer. C'est du moins ce que laissent entendre certains mémoires présentés à la Commission d'assurance-maladie de Québec en 1944 et qui se penche sur la mauvaise situation faite à l'enfance. Par exemple, la Fédération provinciale du travail du Québec déplore le fait que plusieurs enfants, dont certains en très bas âge, soient décédés dans les garderies privées à Montréal «pour cause de négligence». Elle demande donc au gouvernement du Québec de placer les garderies privées sous la surveillance du ministère de la Santé et du Bien-être social, de définir des règlements et démettre des permis d'opération. Encore une recommandation qui demeurera lettre morte, puisque Duplessis, qui reprend le pouvoir en 1944, dissout la Commission.

En 1950, selon une étude menée par Doris Johnson, il y a à Montréal 27 garderies privées[8]. Il s'agit parfois de pensions qui gardent les enfants à la semaine. Elles relèvent, à cette époque, du Service de santé de la ville de Montréal et accueillent une clientèle composée principalement d'anglophones et de néo-canadiens. À part ces garderies privées, il y a toujours en 1950 la *Montreal Day Nursery* et quelques garderies gérées par les communautés religieuses pour les enfants issus de milieux défavorisés. Ce sont les garderies Saint-Enfant Jésus, Sainte-Anne et celle des *Sisters of Social Service* fondée par des religieuses hongroises en 1942 et destinée prioritairement aux petits néo-canadiens.

---

8. Doris Johnson, *Des facteurs d'admission en garderie de jour,* thèse de service social, Université de Montréal, 1950, 64 p.

Ainsi, presque cent ans après la mise sur pied des premières salles d'asile, les garderies sont toujours classées dans la catégorie des œuvres d'assistance et relèvent d'initiatives privées ou de communautés religieuses.

Dix ans plus tard (1943), une autre façon originale de faire la sieste à la Garderie Saint-Enfant Jésus.

Archives nationales du Québec.

L'aide gouvernementale à la famille, oui, mais à quand les garderies?

En 1945, plutôt que de poursuivre son programme de financement des garderies, le gouvernement fédéral décide de verser aux mères des allocations familiales. Est-ce pour mieux faire accepter la fermeture des garderies? La question se pose puisqu'on reconnaît que le salaire du père n'est pas toujours suffisant pour répondre aux besoins de la famille. Les montants alloués se veulent donc une contribution au coût d'entretien matériel de l'enfant, de la naissance à seize ans.

Au Québec, les allocations familiales soulèvent un tollé de protestations. Maurice Duplessis en tête, les nationalistes conservateurs et le clergé se donnent la main pour dénoncer le nouveau projet. Ils prétendent que le gouvernement fédéral intervient dans un champ de juridiction provinciale et y voient une menace pour l'autonomie du Québec. Qui plus est, ils désirent que les bénéficiaires soient les pères, administrateurs et chefs de famille, car, en vertu du Code civil, les femmes mariées sont considérées comme mineures aux yeux de la loi.

Le gouvernement fédéral qui prévoit verser les chèques au nom de la mère doit essuyer les critiques des juristes québécois qui déclarent anticonstitutionnelle la Loi des allocations familiales. Devant cette opposition, le gouvernement fédéral cède, et pour le Québec contrairement aux autres provinces canadiennes, il fait préparer les chèques au nom du père. Mais les regroupements féministes ne l'entendent pas de cette façon, eux qui réclament depuis plusieurs années que des allocations familiales soient versées aux mères, indépendamment de leur fortune et de leur état matrimonial. Thérèse Casgrain organise une campagne de publicité à la radio et dans les journaux sur cette question. Elle se rend même auprès du Premier ministre fédéral, Mackenzie King, pour le persuader de modifier sa position. Elle aura finalement gain de cause en juillet 1945 alors que les premiers chèques d'allocations familiales seront versés aux mères, comme dans le reste du Canada.

Parallèlement à l'adoption de cette mesure, on assiste, après la Seconde Guerre mondiale, à une hausse de la natalité. C'est le *Baby boom* de l'après guerre. La société se modernise, la télévision fait son entrée dans les foyers québécois et mobilise les enfants quelques heures par semaine. C'est bientôt l'époque de Bobino, de la Boîte à surprises... et des samedis matins avec maman Fonfon (Claudine Vallerand) qui a d'ailleurs fondé une école maternelle à Montréal en 1938. Pour la mère, ces quelques heures de répit lui permettent de vaquer à ses occupations quotidiennes, car il faut bien se le dire, si en milieu urbain les femmes ont moins d'enfants dans les années 1950, cela ne diminue pas pour autant leurs tâches domestiques. Plusieurs éléments contribuent toujours à faire de la mère l'unique responsable de l'entretien de la maison et de la garde des enfants: la dislocation partielle des réseaux d'entraide traditionnels en milieu rural, l'éloignement du père à son travail et son absence face à ses enfants, la fréquentation scolaire devenue obligatoire qui allonge la période de dépendance des jeunes face aux adultes... Ainsi donc, depuis l'industrialisation et en dépit de la réduction progressive de la taille des familles, l'éducation des enfants et les activités domestiques demeurent encore des occupations à temps plein pour la majorité des femmes mariées.

Et les politiques sociales sont établies en fonction de cette vision étroite de la famille qui ne reconnaît que le travail du conjoint salarié. Ainsi, en 1954 avec l'établissement de l'impôt sur le revenu au Québec, un système d'exemptions fiscales est prévu qui permet au salarié de bénéficier d'une réduction d'impôt pour chaque dépendant. Cette mesure, si elle tient compte de la personne qui est chargée du travail domestique et de la garde des enfants, ne profite toutefois qu'à la personne qui travaille à l'extérieur du foyer, généralement le père. Ce qui fait dire à plusieurs que l'exemption fiscale finance dans une certaine mesure la garde des enfants par leur mère.

Au début des années 1960, à la faveur de ce qu'on a appelé la *Révolution tranquille*, le Québec connaît des transformations à plusieurs niveaux. La conjonction est propice aux réformes et l'État se voit assigner un nouveau rôle d'intervention dans le domaine social. Il récupère les champs d'intervention autrefois confiés à l'Église et à l'entreprise privée et prend graduellement en charge les hôpitaux, les écoles et les institutions d'assistance. Dans le domaine qui nous préoccupe, le ministère de la Famille et du Bien-être social créé en 1961, définit une nouvelle politique de l'enfance qui insiste sur la primauté de la famille comme milieu éducatif pour l'enfant. Il faut se rappeler qu'en 1960, il existe encore six crèches et cinq orphelinats au Québec[9]. On veut décentraliser ces services et favoriser plutôt l'implantation de petits centres au sein desquels pourrait régner une atmosphère familiale.

Par ailleurs, les transformations socio-économiques que connaît le Québec, conjuguées à une diminution du pouvoir de l'Église et à une scolarisation plus poussée ont une incidence directe sur la vie des femmes. En 1966, la fondation de l'Association féminine d'éducation et d'action sociale (AFEAS) et de la Fédération des femmes du Québec (FFQ) marque la recrudescence du mouvement féministe sur la scène publique. Cette dernière association a d'ailleurs inscrit, dès sa formation, la création de garderies d'État dans sa liste de revendications. Il faut dire qu'avec le gonflement du secteur tertiaire, on retrouve un plus grand nombre de femmes mariées sur le marché du travail salarié. Néanmoins, l'opinion publique ne semble pas encore très préoccupée par la question des garderies. De fait, le préjugé couramment répandu à l'époque veut que si la femme mariée travaille à l'extérieur du foyer, elle le fasse en autant que cela ne nuise pas à son activité première, celle de mère de famille. Et les femmes qui vivent quotidiennement le problème sont aux prises avec le dilemme suivant: être une bonne mère de famille et une travailleuse compétente. Travailler à l'extérieur, sans que cela ne paraisse à la maison... pour ne pas déranger l'ancien ordre des choses...

---

9. Les crèches sont des institutions de placement pour les enfants âgés de 0 à 5 ans inclusivement, alors que les orphelinats accueillent les enfants de 6 à 18 ans.

CHAPITRE 3

Vers l'élaboration d'une politique sur les services de garde (1968-1974)

Les enfants de la garderie populaire Centre Saint-Louis envahissent les gradins du parc de leur quartier.

Photo: Stan Creatchman

La Commission Bird demande
des garderies

En 1967, le gouvernement fédéral forme une Commission royale d'enquête sur la situation de la femme au Canada, plus communément appelée Commission Bird, du nom de sa présidente, Florence Bird. Partout au pays, les associations féminines se font entendre et réclament des améliorations (égalité des chances entre les hommes et les femmes au niveau des emplois et des salaires, ouverture de programmes éducatifs aux femmes, modifications des lois sur le divorce, etc.). Parmi les réformes proposées, la création d'un réseau de garderies publiques ressort comme une priorité. La Commission Bird considère en effet que le droit des femmes au travail rémunéré ne veut rien dire si on ne leur donne pas les moyens concrets pour rendre ce droit effectif.

En conséquence, la garde des enfants est cette fois abordée sous un angle nouveau. Les commissaires reconnaissent qu'il s'agit d'une responsabilité que doivent se partager la mère, le père et la société:

> «à moins que l'on accepte l'idée de ce partage, et qu'on ne le réalise concrètement, la femme ne peut obtenir l'égalité à laquelle elle a droit».

Voilà une position qui est loin d'être partagée à l'époque par le gouvernement du Québec qui considère que la garde des enfants est la responsabilité exclusive des parents et qui assimile les garderies à de l'aide sociale. Comme le signale Marie-Paul Dandois, responsable des Services d'auxiliaires familiales au ministère de la Famille et du Bien-être social en 1968, «la garderie était socialement acceptée dans certaines situations: la mère malade, la mère débordée par sa tâche, la mère de famille nombreuse, la mère abandonnée. L'enfant ne devait sortir du cercle familial qu'au moment d'aller à l'école»[10].

---

10. «Entrevue avec Marie-Paul Dandois» dans *Petit à Petit*, Office des services de garde à l'enfance, vol. 1, n° 1, mai 1982, p. 13.

Publié en 1970, le rapport Bird n'est d'ailleurs pas unanime sur la question des garderies et deux commissaires enregistrent leurs désaccords. Cela démontre à quel point le sujet prête à controverse à l'époque. Cependant, il a l'avantage de placer le débat sur la scène publique et de démontrer le besoin imminent de garderies à l'échelle du pays. Considérant que le Canada est très en retard sur les autres pays occidentaux dans ce domaine, la Commission recommande différents types de services de garde : pouponnières, garderies de jour, garderies en milieu de travail, garde en milieu familial, maternelles, centres pour recevoir les écoliers pendant les heures de travail des parents. Elle demande aussi que le gouvernement fédéral prenne des mesures conjointement avec les provinces pour adopter une loi sur les garderies en vertu de laquelle les frais seraient partagés entre Ottawa et les provinces.

Des interventions gouvernementales timides

À la fin des années 1960, dans plusieurs milieux, les remises en question sont à l'ordre du jour. Les groupes populaires œuvrant dans les quartiers défavorisés de Montréal se radicalisent et mettent sur pied leurs propres services à la population : cliniques médicales, cliniques juridiques, comptoirs alimentaires, etc. Plusieurs de ces groupes s'adressent d'ailleurs essentiellement aux femmes : ménagères, assistées sociales, mères célibataires, chômeuses et travailleuses.

Du côté des associations féminines, il y a aussi radicalisation. Le Front de libération des femmes du Québec (FLF) voit le jour en 1969 et dès l'année suivante, il forme la cellule « garderie » qui revendique des garderies d'État ouvertes 24 heures par jour et 7 jours par semaine. En un sens, comme nous le verrons, un certain nombre de garderies mises sur pied dans le cadre des projets Perspectives jeunesse et Initiatives locales en 1972, se situent dans le prolongement des activités amorcées par les groupes populaires et le FLF.

Parallèlement à cela, dans le milieu éducatif et au sein de plusieurs organismes communautaires, l'argumentation en faveur des garderies se développe. Il ne s'agit plus uniquement d'un besoin pour la mère au travail, mais aussi d'un besoin pour l'enfant. De nouvelles recherches sur la petite enfance renversent l'opinion couramment répandue qui veut que la séparation de l'enfant d'avec sa mère nuise à son évolution normale. De plus en plus, on parle de l'importance de la socialisation du jeune enfant en groupe. En 1968, des délégués représentant plus d'une centaine d'associations se réunissent à Montréal et forment le Comité d'organisation pour la promotion des services de garderies de jour pour les enfants dans la province de Québec. Le comité présente l'année suivante un mémoire au Premier ministre Jean-Jacques Bertrand qui lui demande d'instituer « des garderies non confessionnelles subventionnées par des taxes et d'octroyer des subsides aux garderies existantes. » La Fédération des femmes du Québec présente également une recommandation semblable au gouvernement provincial.

Malgré ces demandes, les interventions gouvernementales demeurent timides. En 1968, la Direction de l'agrément du ministère de la Famille et du Bien-être social est chargée d'émettre des permis aux garderies existantes. La même année, le ministère décide également de subventionner dans le cadre d'une expérience pilote quelques garderies situées dans des quartiers défavorisés de Montréal. Il y a aussi les ministères de l'Éducation et de l'Immigration qui interviennent dans le secteur des services de garde, le premier pour étendre le réseau des maternelles et de prématernelles publiques et le second en subventionnant quelques garderies sur l'Île de Montréal dans le but de faciliter l'intégration des petits immigrants au milieu francophone.

Outre les quelques garderies qui reçoivent une subvention de l'État, on retrouve en 1969, cinquante-huit garderies privées, toujours destinées majoritairement à la population anglophone et immigrante. En 1971, plusieurs de ces garderies se regroupent au sein de l'Association des propriétaires de garderies privées du Québec.

D'autre part, en janvier 1971, le Conseil des ministres du Québec constitue un comité interministériel pour étudier la question des garderies et celle de l'exemption fiscale à la mère qui travaille hors du foyer. Six mois plus tard, le comité remet son rapport qui définit les types de services à offrir et les exigences que le gouvernement doit avoir dans l'établissement de ces services. On y dénote la situation précaire dans laquelle se trouvent plusieurs jeunes enfants placés en garderie :

> à cause du manque d'espace,
> d'un matériel éducatif insuffisant
> et de la formation inadéquate du personnel.

Il devient donc urgent de définir des normes afin que le gouvernement puisse assurer un meilleur contrôle sur la qualité des services. Le comité propose aussi la mise sur pied d'un réseau de garderies de jour subventionnées par l'État afin d'accroître l'accessibilité aux clientèles jugées prioritaires, c'est-à-dire les enfants handicapés ou issus de milieux défavorisés et connaissant des problèmes familiaux. Encore une fois, la garderie est perçue comme une forme d'assistance à la famille dans le besoin. «Il ne s'agit pas d'abord de dépanner les mères au travail», lit-on dans le rapport, «il s'agit surtout pas de créer des emplois». Pour les mères qui travaillent à l'extérieur du foyer, le comité propose simplement un régime de crédits d'impôts pour alléger le fardeau financier de celles qui auront recours à la garderie. Cette nouvelle mesure entrera en vigueur en 1972.

Quant au financement des garderies, le comité interministériel fait remarquer que l'existence d'un réseau privé n'implique que des coûts administratifs minimes pour le gouvernement du Québec; par contre, dans le cas du réseau public, lorsqu'on s'adresse à une clientèle provenant de milieux défavorisés la province peut faire appel au Régime d'assistance publique du Canada (RAPC) qui débourse 50 % des coûts d'opération[11].

---

11. Le Régime d'assistance publique du Canada a été établi
    par le gouvernement fédéral en 1967 afin d'aider les provinces à assumer
    une partie des coûts de divers programmes sociaux, en autant
    que ceux-ci soient destinés à une clientèle spécifique et jugée admissible
    selon des critères établis.

Comme quoi la mise sur pied de nouvelles garderies n'impliquerait pas de grosses dépenses pour le gouvernement du Québec…

L'année 1972 : un point tournant

En 1972, seulement trois provinces canadiennes n'ont pas encore élaboré de normes sur la question des garderies : le Québec, l'Île du Prince-Édouard et le Nouveau-Brunswick. Encore une fois, le Québec se retrouve à l'arrière-garde de la majorité des provinces canadiennes, même si depuis la Commission d'assurance-maladie de 1944, différentes associations sont revenues périodiquement à la charge pour demander au gouvernement de définir des normes et d'octroyer des permis d'opération aux garderies. En conséquence, le comité interministériel institué en 1971 réclame un engagement plus significatif de la province dans le secteur des services de garde à l'enfance et lui demande de définir des normes minimales d'accréditation. Cette recommandation est suivie en partie par le nouveau ministère des Affaires sociales (MAS) qui publie en 1972 un premier cahier de normes pour les garderies[12]. Les normes doivent désormais être respectées par toute garderie qui désire obtenir ou renouveler son permis d'opération, lequel devient obligatoire.

L'année 1972 marque aussi une étape parce que le gouvernement fédéral entend donner suite aux recommandations de certaines études sur les garderies qui ont été effectuées après la publication du rapport de la Commission Bird. Selon une enquête menée en 1971, il appert que seulement 1,25 % des enfants des mères canadiennes travaillant à l'extérieur du foyer sont inscrits en garderie. La première conférence canadienne sur la garde de jour qui tient d'ailleurs ses assises la même année se penche elle aussi sur ce problème et formule des proposi-

---

12. Ces normes concernent les permis, le programme, la santé, l'alimentation, les modalités administratives, les locaux et l'équipement.

tions concrètes pour améliorer la situation des garderies[13]. Reconnaissant le besoin croissant à ce niveau, le gouvernement fédéral modifie en 1972 les règlements du Régime d'assistance publique du Canada afin d'y inclure de nouveaux éléments pour le partage des frais des services de garde. Toutefois, pour être admissibles au régime, les programmes provinciaux doivent être conçus à l'intention des assistés sociaux et des familles dans le besoin.

Cependant, ce qui est déterminant pour le développement ultérieur des garderies est sûrement le financement par le gouvernement fédéral d'un certain nombre d'entre elles dans le cadre des projets Perspectives jeunesse et Initiatives locales. Ces programmes destinés à pallier le problème du chômage chez les jeunes accordent des subventions pour la mise sur pied de projets communautaires. Entre 1972 et 1974 environ soixante-dix garderies issues de telles initiatives sont mises sur pied au Québec, dont une trentaine à Montréal. Ces garderies sont au départ situées dans les quartiers populaires et se différencient des garderies privées par leur caractère non lucratif et par leur clientèle qui se compose d'enfants de familles ouvrières et assistées sociales.

Dans les garderies populaires, les parents sont invités à participer à tous les niveaux de prise de décision (direction, élaboration des programmes, critères d'admission des enfants, budget, embauche du personnel, etc.). Pour les promoteurs de ces garderies, le contrôle aux usagers témoigne d'une vision nouvelle concernant l'éducation des enfants qui ne doit pas être considérée comme la responsabilité exclusive des parents, mais plutôt comme une responsabilité collective.

Au Québec, les autorités voient d'un mauvais oeil le financement de garderies populaires par le gouvernement fédéral. Plusieurs dénoncent l'intrusion du fédéral dans un domaine qui relève de la juridiction provinciale. De plus, les garderies

---

13. Il est intéressant de souligner ici que Denis Lazure participait à cette conférence canadienne en 1971 en tant que directeur général de l'hôpital Rivière-des-Prairies.

instituées dans le cadre des projets Perspectives jeunesse et Initiatives locales créent un nouveau besoin qui s'avérera, comme nous le verrons, difficile à combler par la suite.

Les garderies populaires : une lutte pour la survie (1972-1974)

Les garderies populaires doivent faire face à un problème de taille; elles se voient en effet menacées de fermeture à tous les six mois à cause des renouvellement incertains de subventions. Ces garderies vivent donc dans un climat d'insécurité constant qui empêche toute planification administrative à long terme, ne serait-ce que pour louer un logement par exemple. De plus, la quasi-totalité des subventions accordées aux projets Initiatives locales doivent être consacrées aux salaires, alors qu'une faible proportion peut servir à financer les coûts administratifs et le matériel. Cela explique pourquoi certaines garderies sont logées dans des édifices non conformes aux règlements édictés par les autorités administratives et qu'elles se voient dans plusieurs cas refuser le permis provincial. Mais ce n'est pas la seule raison qui incite le gouvernement provincial à leur refuser les permis d'opération. Québec allègue qu'il ne peut octroyer de permis à des institutions qui n'ont pas de financement assuré : «pas de permis provincial sans financement assuré» dit-il, ce à quoi Ottawa répond «pas de subventions sans permis provincial». Et voilà que les deux niveaux de gouvernement se renvoient mutuellement la balle!

L'insécurité dans laquelle vit le personnel des garderies populaires et les parents des enfants qui les fréquentent contribue à créer un climat d'insatisfaction propice à une large mobilisation. Le prétexte leur est fourni lorsque le gouvernement fédéral annonce, en décembre 1972, le retrait des subventions accordées aux projets Initiatives locales. Les garderies populaires accusent le gouvernement québécois d'avoir exercé des pressions sur Ottawa pour que les subventions aux garderies cessent. Cette dénonciation trouve même des échos en chambre, alors que Marc-André Bédard, député péquiste et membre de l'Opposition, se fait le défenseur des garderies populaires.

Durant cet intervalle, un certain nombre de garderies se regroupent et forment le Comité de liaison des garderies populaires (CLGP) afin d'assurer dans un premier temps la survie des garderies existantes. Ce comité deviendra en fait le principal interlocuteur des garderies auprès du gouvernement provincial. En décembre 1972, on assiste aux premières occupations des bureaux du ministère des Affaires sociales et des responsables des projets Initiatives locales. Les garderies populaires utilisent aussi les médias, plutôt sympathiques à la cause des garderies et lancent une campagne d'information dans la population, obligeant ainsi le gouvernement libéral de Robert Bourassa à prendre position sur la question. C'est une première victoire pour les garderies populaires puisque le MAS accepte de ne plus considérer comme nécessaire à l'obtention d'un permis, le fait d'avoir un financement assuré. Plusieurs d'entre elles obtiennent donc leurs permis et leurs subventions.

En janvier 1973, le Comité de liaison des garderies populaires devient un organisme permanent. Il se donne un journal, *le Bulletin*, afin de rejoindre de nouvelles garderies, et se fixe comme objectif à long terme «l'établissement d'un système universel de garderies populaires financées par l'État et contrôlées par les usagers». Mais ce comité n'est pas qu'un organisme voué à la lutte des garderies, il veut aussi favoriser l'échange de matériel et les discussions pédagogiques entre les moniteurs des différentes garderies puisque la majorité d'entre eux n'ont pas de formation spécifique en éducation préscolaire.

Par ailleurs, peu de temps après sa formation, le Comité de liaison des garderies populaires rencontre le ministre des Affaires sociales, Claude Castonguay, et quelques hauts fonctionnaires du ministère et demande la tenue d'un colloque sur les garderies. Il s'inquiète en effet d'une déclaration faite par le responsable de la Division de l'évaluation des normes et de l'émission des permis du MAS : «(...) il n'est pas question d'aucune aide financière de la part du gouvernement provincial. Les garderies ne sont pas dans les priorités actuelles du Ministère. Les parents doivent prendre en charge la garde et l'éducation de leurs enfants. Si les femmes veulent travailler, les parents doivent s'organiser pour que leurs enfants soient en sécurité pendant le temps du travail»[14].

De plus, des rumeurs circulent à l'effet que le gouvernement proposerait une augmentation des allocations familiales plutôt que l'octroi de subventions aux garderies. Le ministre Castonguay accepte l'idée d'un colloque, lequel se tient effectivement le 14 avril 1973. Y participent : des représentants du ministère des Affaires sociales, des organismes familiaux, les garderies privées, les garderies subventionnées par le MAS et les garderies populaires. Pendant que les délégués discutent dans les ateliers, une manifestation organisée par le Comité de liaison des garderies populaires se déroule à l'extérieur. Celui-ci réussit d'ailleurs à faire voter toutes ses propositions à la plénière dont la plus importante est sûrement celle-ci :

> «l'établissement par les usagers d'un réseau permanent de différentes formes de garderies populaires à but non lucratif telles que : pouponnière, halte-garderie, garderie de jour, centre postscolaire et autres, répondant aux besoins du milieu, autogérées par les parents et le personnel subventionnées par l'État»[15].

Les mois de mai et novembre ramènent sur le tapis l'éternel problème des subventions accordées dans le cadre des projets Initiatives locales. Le Comité de liaison des garderies populaires mène la lutte sur deux fronts : à Ottawa, pour obtenir un financement temporaire, et à Québec, pour obtenir une législation et un mode de financement permanent. À sa demande, un comité bipartite est formé (MAS et CLGP) en vue d'étudier, entre autres, les modalités de financement pour la survie des garderies populaires. Cependant, lorsque le comité de liaison présente un résumé de ses principales recommandations, les représentants du ministère refusent de les entériner.

---

14. *La Patrie*, semaine du 11 au 17 mars 1973, p. 13, cité dans *Le Bulletin*, n° 4, avril 1973, p. 4.

15. Comité de liaison des garderies populaires. *Le Bulletin*, n° 5, mai 1973, p. 1.

16. *Cité dans Le Bulletin*, n° 9, janvier 1974, p. 10.

Le 19 décembre 1973, le Comité de liaison des garderies populaires organise avec le concours des trois centrales syndicales (CEQ, CSN, FTQ) une conférence de presse conjointe. Voici un extrait du communiqué diffusé à cette occasion:

> «En plus d'appuyer cette lutte, il nous faut nous poser un certain nombre de questions:
>
> • Le droit au travail d'une femme peut-il réellement s'exercer sans que n'existe un réseau adéquat de garderies?
>
> • Pourquoi l'État s'objecte-t-il avec tant de véhémence à l'implantation d'un réseau de garderies? Est-ce strictement une question budgétaire?»[16].

Le personnel, les parents et les enfants des garderies populaires occupent les bureaux du ministère des Affaires sociales, le 30 novembre 1973.

Photo: Alain Chagnon

C'est la première fois que les centrales syndicales prennent position publiquement et conjointement sur la question des garderies. La CSN a cependant fait figure de pionnière à ce sujet en intégrant cette revendication dans son mémoire présenté à la Commission Bird, en 1968. À la FTQ, c'est avec la formation du comité d'étude sur la condition féminine en 1972 qu'on commence à revendiquer des services de garderie. Quant à la CEQ, elle endosse la principale revendication du Comité de liaison des garderies populaires lors de son congrès de juillet 1973. La formation du comité Laure Gaudreault à l'automne suivant l'amène d'ailleurs à faire du problème des garderies une priorité. Et la CSN emboîte le pas l'année suivante en remettant sur pied un comité semblable. Les comités de condition féminine des trois centrales syndicales participent avec les garderies populaires, le Centre des femmes qui a succédé au FLF en 1972, et l'Association pour la défense des droits sociaux, à l'organisation de la journée internationale des femmes, le 8 mars 1974. Lors de cette célébration, la lutte des garderies est largement évoquée.

Il faut dire qu'entre 1972 et 1974, le mouvement féministe prend de l'essor. Parallèlement à la mise sur pied des comités de condition féminine dans les grandes centrales, de nouvelles associations sont créées, dont deux organismes gouvernementaux: le Conseil du statut de la femme (CSF) au Québec et le Conseil consultatif canadien de la situation de la femme (CCCSF) à Ottawa. Et les femmes continuent à affluer sur le marché du travail salarié; en 1974, elles représentent 33,1 % de la main-d'œuvre. Contrairement aux années 1940, même si certains condamnent encore les mères de famille qui travaillent à l'extérieur du foyer, ils n'osent plus le proclamer ouvertement. Et cette fois, dans les garderies populaires, on chante:

> *À la maison, à l'usine, dans le quartier,*
> *les femmes s'organisent.*
> *Contre les gros, et pour tous les petits,*
> *il nous faut des garderies.*

Le plan Bacon ou l'art d'administrer les garderies à bon compte (1974)

En mars 1974, Lise Bacon, ministre d'État aux Affaires sociales, entreprend une tournée provinciale de consultation auprès des garderies et des organismes familiaux pour discuter un document de travail intitulé *Services de garde des enfants au Québec*. Il s'agit en réalité d'une première version de ce qui deviendra par la suite le plan Bacon. Dans le document qu'elle présente aux différents organismes concernés, il est mentionné qu'il existe au Québec, à la fin de 1973, environ 250 garderies dont la grande majorité sont privées et financées entièrement par les parents des enfants qui les fréquentent. Sur ce nombre, environ 70 sont issues des projets Initiatives locales et 10 sont subventionnées par le MAS.

La ministre d'État aux Affaires sociales, madame Lise Bacon, s'adresse aux représentants du milieu des garderies.

Photothèque de l'Office national du film du Canada. 75-474.

Ce document de travail est critiqué par plusieurs organismes parce qu'il ne prévoit pas de subventions globales aux garderies, mais plutôt une assistance financière du ministère pour les familles à faible revenu. Or, il faut savoir que, pendant que l'on prépare à Québec cette première politique gouvernementale sur les garderies, des négociations se déroulent entre le MAS et le ministère fédéral de la Santé et du Bien-être social afin de conclure une entente dans le cadre du Régime d'assistance publique du Canada. Ce dernier doit en effet débourser 50 % des coûts du nouveau programme sur les garderies à la condition que la province réponde à ses critères d'admissibilité. Ainsi donc, la politique provinciale sur les garderies sera-t-elle établie en fonction des critères fédéraux et cela, afin de permettre au Québec de bénéficier du maximum des subventions accordées par le Régime d'assistance publique du Canada.

Et le 18 juin 1974, le ministre des Affaires sociales rend publique sa politique en matière de services de garde mieux connue sous l'appellation du plan Bacon[17]. Il s'agit en réalité d'un programme de subventions qui comporte deux volets: d'une part, une aide financière aux parents dont les enfants fréquentent une garderie et, d'autre part, une subvention de démarrage pour faciliter le développement de nouvelles garderies à but non lucratif.

Cependant, l'échelle d'admissibilité est établie de telle sorte qu'il n'y a qu'une infime minorité de parents qui peuvent en bénéficier. Par exemple les familles où les deux conjoints sont payés au salaire minimum n'ont droit à aucune aide. Selon le Comité de liaison des garderies populaires, il s'agit d'une mesure pour favoriser le retour sur le marché du travail des mères chefs de famille et assistées sociales puisqu'il n'y a qu'elles qui ont droit au maximum des subventions.

---

17. Ministère des Affaires sociales, *Politique en matière de services de garde*, Québec, 18 juin 1974.
    Il existe évidemment plusieurs définitions de ce qu'est une politique. D'aucuns pourraient affirmer par exemple que le plan Bacon ne constitue qu'une ébauche de politique. Nous utiliserons cependant ce terme puisque c'est celui qui est employé dans les différents textes.

Comme on peut s'y attendre, le plan Bacon fait couler beaucoup d'encre et relance même tout le débat de la responsabilité collective de la garde des jeunes enfants. Manifestement, les positions du comité de liaison et du MAS semblent irréconciliables et relèvent de deux philosophies diamétralement opposées concernant le rôle des garderies : d'une part, le comité affirme que l'éducation des enfants est une responsabilité sociale, alors que, d'autre part, les représentants du MAS prétendent que les parents sont les premiers responsables de la garde de leurs enfants et doivent jouer un rôle prépondérant dans le financement des services de garde.

Malgré ses limites, le plan Bacon constitue une étape dans l'histoire des garderies au Québec. On peut même avancer que c'est la lutte pour la survie des garderies et les nombreuses pressions exercées par différentes associations qui ont entraîné une intervention du gouvernement provincial dans ce domaine.

CHAPITRE 4

Du plan Bacon à la «politique Lazure» (1974-1980)

En juin 1975, plusieurs garderies populaires sont menacées de fermeture. SOS garderies réclame des fonds pour assurer la survie des garderies de la région de Montréal.

Photo: Alain Chagnon

Les regroupements de garderies face au plan Bacon

L'Association des propriétaires de garderies privées du Québec accueille favorablement le plan Bacon, même si ce dernier entend privilégier le développement des garderies à but non lucratif. Il s'agit là, selon leurs propos, d'une «innovation capitale» puisqu'en finançant les parents, on leur laisse le libre choix de la garderie. De fait, en n'octroyant pas de subventions directes aux garderies, le MAS a su éviter de créer des ghettos pour les pauvres dans les zones grises. Ainsi, le prix exigé ne sera plus un obstacle pour l'admission en garderie privée des enfants de milieux défavorisés. Toutefois, l'Association des propriétaires de garderies privées du Québec a tout intérêt à tenir un discours qui va dans le sens de la politique gouvernementale puisque ce sont les garderies privées qui coûtent le plus cher à la province. Ottawa refuse en effet de partager les déboursés d'aide financière lorsque les enfants sont gardés dans des institutions à but lucratif.

Pour les garderies populaires il en va tout autrement, car avec le plan Bacon s'ouvre une période de transition difficile. Elles ne reçoivent plus de subventions directes et doivent augmenter la contribution financière des parents. Pendant quelques mois, le personnel doit travailler bénévolement alors que les comptes s'accumulent. À l'automne 1974, 54 des 70 garderies populaires ont déjà fermé leurs portes. Quant aux dix garderies subventionnées dans le cadre de l'expérience pilote mise de l'avant par le MAS en 1968, elles se voient elles aussi couper les subventions et doivent s'intégrer au nouveau programme en vigueur. C'est pourquoi au mois d'octobre 1974, à l'invitation du Comité de liaison des garderies populaires, une assemblée regroupe à Montréal les représentants de 65 garderies (garderies populaires, anciennes garderies subventionnées par Québec, garderies coopératives, nouveaux projets de garderies). On y élabore un document de recommandations à présenter au MAS et un plan d'action. De cette rencontre, naît SOS garderies qui se veut à l'origine un regroupement large de garderies à but non lucratif.

L'année 1975 est proclamée par l'O.N.U. « Année internationale de la femme ». Le mouvement féministe amorce un nouveau virage; il s'oriente de plus en plus vers un pluralisme organisationnel et idéologique. De nombreux colloques s'organisent à travers la province et débouchent sur la tenue d'un important congrès, Carrefour 1975. Cinq cents femmes y discutent de questions relatives à la condition féminine et le thème des garderies est à l'ordre du jour. Cependant, au gouvernement, on se refuse à remettre en question la problématique des garderies telle qu'établie dans le plan Bacon. Au plus, on accepte de redéfinir l'échelle d'admissibilité des parents pour rendre le programme accessible à une population plus vaste. On ajoute aussi une subvention d'aménagement et l'on se propose de favoriser l'établissement de garderies en milieu de travail. Mais cela ne règle pas le problème des garderies à but non lucratif qui n'ont pas de fonds de roulement et qui vivent au jour le jour, de prêts en prêts. Les frais assumés par les parents ne leur permettent de couvrir que les coûts les plus minimes d'opération, le personnel est mal payé et l'instabilité est leur lot quotidien. Jugeant que les modifications apportées sont insuffisantes, SOS garderies relance la lutte.

En juin 1975, une conférence de presse réunit des représentants d'une douzaine d'organismes et partis politiques, dont la Ligue des droits de l'homme, les centrales syndicales et le Parti québécois, qui ensemble demandent une révision de la politique en matière de services de garde adoptée en 1974. Lise Bacon réplique quelques jours plus tard et annonce que le programme des garderies sera réévalué. Elle parle aussi de créer un service destiné à s'occuper de l'administration de ce programme.

Le Service des garderies du MAS est effectivement créé en septembre 1975 et Paul Angers en assume la responsabilité. Il a pour tâche de favoriser l'implantation de nouvelles garderies et de fournir une aide technique aux garderies existantes. C'est aussi en 1975 que le Regroupement des garderies de la région 6C (rive-sud de Montréal) s'incorpore. Ce mouvement, qui s'est fait connaître en 1974 par les critiques qu'il a formulées au sujet du plan Bacon, maintient pendant un certain temps des liens avec SOS garderies. Cependant, les membres du regroupement préfèrent axer leur lutte sur des problèmes spécifiques plutôt que de se mobiliser autour de la revendication générale pour le réseau universel et gratuit.

Durant cet intervalle, SOS garderies se radicalise. Le mouvement des garderies n'échappe pas aux tensions qui se font jour dans plusieurs organismes populaires à l'époque. Après plusieurs mois de bilan, SOS garderies tient son premier congrès en octobre 1976, et propose une nouvelle orientation qui lie la lutte des garderies à celle pour le socialisme. Désormais, SOS garderies ne se veut plus seulement un regroupement de garderies, mais une organisation ouverte à tous ceux et celles qui veulent lutter pour le droit aux garderies. Cela provoque une scission; un mouvement de désaffiliation s'ensuit. Même si cette position est remise en question par la suite, SOS garderies demeure une organisation dont le membership se restreint de plus en plus à la région montréalaise.

Cependant comme nous l'avons vu, l'opposition au plan Bacon s'étend bien au-delà du milieu des garderies. D'autres groupes populaires, des groupes de femmes, des syndicats manifestent aussi leur mécontentement. Dans les grands quotidiens, on fait largement état de la question. De plus en plus, le problème des garderies est au premier rang des revendications de la majorité des associations féminines.

Le Parti québécois au pouvoir : un préjugé favorable aux garderies ?

Le 15 novembre 1976, le Parti québécois remporte les élections provinciales avec un programme électoral particulièrement intéressant pour les femmes. Dans le milieu des garderies sans but lucratif, les espoirs sont grands puisque, depuis 1972, le Parti québécois défend la cause des garderies, et à plusieurs reprises certains de ses membres ont critiqué le plan Bacon. En outre, le programme du parti propose la mise sur pied d'un réseau de services de garde gratuits, accessible à tous sans discrimination et même assorti d'un service de transport adéquat.

En mars 1977, le ministre des Affaires sociales, Denis Lazure, et la ministre des Consommateurs, Coopératives et Institutions financières, Lise Payette, convoquent les représentants du milieu des garderies à une rencontre. On veut connaître leur opinion sur les politiques en matière de garderies, les difficultés rencontrées et les solutions envisagées. Monsieur Lazure informe aussi les personnes présentes à la réunion que si elles veulent se regrouper, elles pourront obtenir des subventions. Pendant six mois, les représentants des différentes régions du Québec se rencontrent et au mois d'octobre 1977, à Longueuil, toutes les garderies sans but lucratif sont convoquées pour jeter les bases d'un regroupement provincial. Un exécutif provisoire est créé qui a pour mandat d'établir une constitution et des règlements. Finalement, en mai 1978, le Regroupement des garderies sans but lucratif du Québec (RGQ) tient son congrès de fondation.

Le ministre des Affaires sociales,
monsieur Denis Lazure.

Pendant ce temps, le ministre Lazure s'attaque au dossier des garderies. Au printemps 1977, l'aide financière aux parents est augmentée ainsi que les subventions d'aménagement et d'équipement. Il annonce aussi l'octroi de subventions de démarrage aux garderies sans but lucratif qui ouvrent leurs portes dans les milieux défavorisés et institue un fonds de dépannage pour pallier les fluctuations des revenus des garderies sans but lucratif. Enfin, une subvention spéciale est accordée pour faciliter l'intégration d'enfants handicapés dans les garderies. Presque au même moment, le ministre annonce la création d'un Comité interministériel sur les services d'accueil à la petite enfance. Formé de représentants du ministère de l'Éducation, du Conseil du statut de la femme et du ministère des Affaires sociales, le comité est chargé de définir une politique d'ensemble pour organiser un réseau de services de garde mieux adapté aux besoins de la population.

Ces nouvelles mesures s'accompagnent d'un budget en nette progression par rapport à l'année financière 1976-1977. Le budget dépensé pour les garderies passe en effet de 3,8 millions de dollars à 7,2 millions de dollars au 31 mars 1978, et la presque totalité de cette somme est consacrée à l'aide financière aux familles. Toutefois, un détail revêt une certaine importance : désormais, les chèques seront expédiés au nom de la garderie et non plus à celui du parent, comme c'était le cas depuis 1974. Cette «subvention» versée à la garderie demeure cependant fonction du nombre d'enfants d'origine modeste qui sont accueillis à la garderie.

Ces quelques changements ne suscitent pas de gros débats au sein des garderies déjà fort occupées à travailler à la formation d'un regroupement provincial. Le Regroupement des garderies de la région 6C juge cependant les mesures insuffisantes et le fait savoir au ministre Lazure. Il réclame en outre une politique globale de la petite enfance. Quant à SOS garderies, la lutte pour les locaux accapare toutes ses énergies.

La lutte pour les locaux

Toutes les garderies ont connu à un moment ou l'autre des problèmes de logement. Cependant pour celles qui ont aménagé
dans des écoles désaffectées de la région de Montréal, le problème prend une dimension particulière. En effet, les parents
et le personnel de ces garderies ont dû investir beaucoup de
leur temps pour réorganiser les locaux scolaires et les transformer en garderies. Ils acceptent donc mal les hausses suc-
cessives de loyer et réclament une politique de logement dans
ce domaine.

*SOS garderies manifeste devant le Palais
de justice de Montréal lors du procès
des garderies Saint-Louis et Soleil
du Quartier le 16 mars 1978.*

Photo: Alain Chagnon

En mars 1977, SOS garderies manifeste à une réunion de la Commission des écoles catholiques de Montréal (CECM) dans le but de réclamer la gratuité des locaux dans dix écoles-garderies. On lui répond qu'il n'est pas question de gratuité, mais qu'il peut y avoir une location préférentielle. Insatisfait, SOS garderies déclare alors qu'à l'expiration du bail, il occupera les locaux et fera la «grève des loyers».

C'est ainsi qu'à partir de l'été 1977 les garderies Saint-Louis et Soleil du Quartier, entrent en grève pour une période de dix-huit mois. Les demandes de SOS garderies dépassent le strict

Expulsion de la garderie Soleil du Quartier de ses locaux par les policiers le 21 août 1978.

Photo : Alain Chagnon

problème des locaux. En plus d'une politique de logement on réclame, l'amélioration des normes et l'accessibilité du service en termes de places et de budgets.

Cette grève est difficile à tenir pour les personnes impliquées. À la suite d'un procès, un jugement de culpabilité est rendu à l'endroit de la garderie Soleil du Quartier qui se verra même expulsée de ses locaux par les policiers au mois d'août 1978. Elle les réintégrera à l'automne, une fois la grève terminée, mais recevra peu de temps après un avis de non renouvellement de bail parce que la CECM a décidé de vendre l'édifice. Triste période pour la garderie Soleil du Quartier qui se relève à peine d'une longue lutte!

Pour SOS garderies, la lutte pour le financement des locaux s'inscrit dans une stratégie à long terme. En effet, par le financement des locaux, SOS vise la consolidation du réseau des garderies. En définitive, personne ne pourra nier que la lutte pour les locaux a réussi à sensibiliser la population et le gouvernement au problème du logement que vivent les garderies particulièrement en milieu urbain.

La nouvelle «politique Marois/Lazure» (1978)

En 1977, la situation des garderies n'est guère reluisante. Le nombre de places dans le réseau est toujours très limité par rapport aux besoins puisqu'il n'y a que 11 030 places dans 258 garderies. Sur ce nombre, la majorité des places ne sont disponibles que pour les enfants de plus de deux ans et il n'existe pratiquement pas de pouponnières pour les moins de deux ans. Or, les besoins de garde pour les enfants dont les parents exercent une activité rémunérée sont évalués à 150 000 enfants de 0 à 5 ans et à 180 000 enfants de 6 à 12 ans[18]. Le tableau 2 nous indique toutefois que le nombre de places en garderie évolue lentement... au fil des ans:

18. Comité interministériel sur les services d'accueil à la petite enfance, *Rapport*, Québec, Éditeur officiel, février 1978, 126 p.

Tableau 2
Nombre de garderies et nombre de places en garderie
1976-1980, au 31 mars

	Garderies*	
Année	Nombre	Nombre de places
1976	220	9 596
1977	258	11 030
1978	304	13 271
1979	346	15 379
1980	381	17 483

* Ce tableau comprend les garderies à but lucratif et sans but lucratif. Notons, cependant, que ces dernières passeront d'environ 50 % à 78 % de tous les établissements entre 1976 et 1980.

Nous avons volontairement omis les chiffres qui précèdent l'année 1976 parce qu'avant cette date, les statistiques regroupent indifféremment tous les types de services qui reçoivent des enfants d'âge préscolaire et qui obtiennent des permis de garderie comme les jardins d'enfants, les maternelles, etc.

Source : Ghislaine Desjardins et Éric Alsène. *L'histoire des garderies au Québec entre 1968 et 1980*, Office des services de garde à l'enfance, Longueuil, 1984.

Ainsi donc, la grande majorité des enfants sont gardés dans des conditions mal connues et nullement soumises à un contrôle gouvernemental. La garde à domicile semble être, de loin, encore la plus utilisée au Québec.

Mentionnons par ailleurs que le rapport du Comité interministériel sur les services d'accueil à la petite enfance paraît en février 1978. Cependant, il est gardé sous clef et ne sera rendu public qu'au moment de l'annonce de la nouvelle politique sur les garderies à l'automne suivant. Les nombreuses consultations prévues pendant les travaux du comité et lors de la sortie du rapport n'auront pas lieu, réduisant ainsi la portée du document. La même année, le Conseil du statut de la femme publie aussi son célèbre manifeste *Pour les Québécoises: égalité et indépendance*. Il s'agit de l'ensemble de la politique du CSF sur la condition féminine au Québec. Sur la question des garderies, le CSF se dit d'accord avec l'essentiel des recommandations du Comité interministériel sur les services d'accueil à la petite enfance.

Contrairement à certains organismes qui demandent un réseau de garderies gratuites, le CSF et le comité interministériel rejettent cette solution parce qu'elle favorise uniquement les familles qui recourent à ce type de services de garde. De plus, les parents qui optent pour la garde en milieu familial ne sont pas éligibles à une aide financière. Selon le CSF et le comité interministériel, la garde des enfants relève d'abord de la famille et le rôle de l'État en est un de support, celui-ci consistant à aider les parents sur le plan financier et au niveau de l'accessibilité aux services.

Le gouvernement du Parti québécois ne semble pas prêt à suivre toutes les recommandations du comité interministériel. Il préfère dans un premier temps évaluer la dimension financière de la nouvelle politique et la responsabilité administrative du dossier. Le ministre d'État au développement social, Pierre Marois, est alors chargé de finaliser le contenu de cette politique sur les services de garde.

En octobre 1978, le Conseil des ministres entérine les recommandations du ministre Pierre Marois et le Québec se voit ainsi doté d'une nouvelle politique sur les services de garde dont les principes essentiels sont les suivants:

- les parents ont le choix du mode de garde qui convient le mieux à leurs besoins et leurs aspirations;

- le système de garde est financé conjointement par les parents, selon leurs revenus, et par l'État;

- la diversification des modes de garde incluant notamment l'organisation de services de garde en milieu familial et de services pour les jeunes enfants d'âge scolaire.

De plus, conformément à l'idéal qui anime le Service des garderies du MAS à l'époque, la nouvelle politique entend privilégier le développement des corporations à but non lucratif avec la participation des parents usagers à la garderie.

La nouvelle politique se traduit dans les faits par une augmentation du budget prévu qui se chiffre à 13,5 millions de dollars. Encore une fois, l'aide financière aux familles est indexée; de plus, on accorde une subvention au fonds de roulement de la garderie égale à 15 % de l'aide totale accordée aux parents pour les garderies dont les parents sont majoritaires au conseil d'administration; une aide spéciale est aussi octroyée aux garderies ayant un minimum de trois ans d'existence pour les aider à renouveler l'équipement ou à aménager les locaux; enfin, un budget de 400 000 $ est prévu pour expérimenter de nouveaux modes de garde (garde en milieu familial supervisée, par exemple). Au même moment, le ministre d'État au développement social annonce qu'à compter du 1er avril 1979, «le budget des garderies atteindra 22 millions de dollars, soit sept fois plus qu'au 15 novembre 1976». Notons cependant que la publicité gouvernementale ne fait référence qu'au budget prévu pour les services de garde alors que dans les faits, ce budget n'est jamais dépensé complètement comme le démontre le tableau 3.

Tableau 3
Évolution du budget consacré aux services de garde,
Québec, 1974-1980

Année financière	Budget prévu	Dépenses réelles
1974-1975	5 millions	1,2 millions
1975-1976	5 millions	3,1 millions
1976-1977	4,8 millions	3,8 millions
1977-1978	8,4 millions	7,2 millions
1978-1979	13,5 millions	10,9 millions
1979-1980	22,5 millions	16,2 millions
Total	59,2 millions	42,4 millions

Source : Ghislaine Desjardins et Éric Alsène. *L'histoire des garderies au Québec entre 1968 et 1980*, Office des services de garde à l'enfance, Longueuil, 1984.

Cependant, si pour SOS garderies, la nouvelle politique de financement des garderies adoptée à l'automne 1978 constitue sous certains aspects un gain économique, il en va tout autrement pour le RGQ qui s'apprête à la dénoncer. Dans un tel contexte, la sortie du rapport du Comité interministériel sur les service d'accueil à la petite enfance passe presque inaperçue. Les différents regroupements de garderies l'utiliseront comme document de référence dans leurs réunions internes, mais publiquement, ils s'attardent surtout à commenter la nouvelle «politique Marois/Lazure».

Le RGQ fait du piquetage devant l'édifice
du ministère des Affaires sociales à
Montréal le 2 novembre 1978 pour
s'opposer à la «politique Marois-Lazure».

Photo: Alain Chagnon

Pour le RGQ et le Regroupement des garderies de la région 6C, le 15 % accordé au fonds de roulement crée des disparités entre les garderies parce que celles qui s'adressent à une clientèle défavorisée reçoivent de plus gros montants. La nouvelle politique n'est, selon leurs propos, que « poudre aux yeux » parce que les garderies qui accueillent une population de petits salariés ne bénéficient pas de fonds supplémentaires pour améliorer la qualité des services et le salaire de leur personnel. Ainsi, dans le premier numéro de son journal *Les P'tits Restent*, le RGQ signale que le financement direct serait encore la meilleure solution : « N'aurait-il pas été plus juste pédagogiquement pour les enfants, financièrement pour les parents et professionnellement pour les moniteurs, que le ministre des Affaires sociales, accorde un financement direct aux garderies selon le nombre d'enfants inscrits au permis ? »[19]. Parallèlement à cela, le RGQ entreprend deux études ; la première sur le coût réel de placement d'un enfant en garderie à partir de laquelle il présentera un budget global en mai 1979, et la deuxième, sur les différents statuts possibles pour les garderies. Le RGQ désire ainsi présenter ses demandes au gouvernement avant que celui-ci ne dépose son projet de loi sur les services de garde à l'enfance.

Entre-temps, les lacunes du programme gouvernemental de financement se confirment par rapport aux principes définis dans la « politique Marois/Lazure ». Paul Angers, le chef du Service des garderies, en est bien conscient et avise le ministre des Affaires sociales que la situation financière des garderies sans but lucratif qui veulent offrir un service de qualité est intenable et que le programme d'aide financière aux parents doit être révisé. Selon lui, les difficultés financières, les problèmes de locaux et les contestations et manifestations reliées à ces questions suffisent amplement à décourager plus d'une bonne volonté. Cela explique d'ailleurs le ralentissement observé dans le développement des services de garderies.

---

19. Regroupement des garderies sans but lucratif du Québec inc., *Les P'tits Restent*, vol. 1, n° 1, janvier 1979, p. 6-7.

À l'automne 1979, le programme de subventions aux garderies est de nouveau réévalué et cette fois, le ministre Denis
Lazure déclare «le plan Bacon mis de côté». Pour la première
fois, le programme reconnaît l'importance du financement
direct de la garderie, ce qui marque une certaine rupture par
rapport aux orientations de base du plan Bacon. Ainsi, à la place
du 15 % d'aide au fonds de roulement, une subvention de fonctionnement de 2 $ par jour par place autorisée sera accordée.
Il s'agit là d'un élément important dans la nouvelle politique
de financement des services de garde puisqu'elle confirme le
principe de la responsabilité financière de l'État dans l'implantation du réseau. Cependant, plusieurs organismes critiquent
le montant accordé en subvention directe. Certains le jugent
insuffisant, d'autres voudraient que le gouvernement finance
entièrement les services de garde. Quoiqu'il en soit, les garderies demeurent coûteuses pour les familles ayant des reveus
moyens puisque celles-ci ne reçoivent aucune aide. Le système
d'aide financière aux parents ne rejoint toujours que la minorité de la population.

Une loi cadre sur les services de garde à l'enfance (1979)

Le 28 août 1979, le ministre Denis Lazure rend public l'avant-
projet de loi sur les services de garde à l'enfance et annonce
une consultation en commission parlementaire sur la question.

L'avant-projet de loi retire du champ de compétence du ministère des Affaires sociales la responsabilité directe des services
de garde. À la place, il institue un Office des services de garde
à l'enfance lui donnant comme fonction:

- de concevoir et d'élaborer une politique générale
  de services de garde;

- d'identifier les services existants ainsi que les
  besoins de la population;

- de coordonner et de promouvoir le développement de ces services;

- de diffuser l'information sur la question;

- de promouvoir la mise sur pied de cours de formation et de perfectionnement;

- d'offrir un soutien technique et professionnel aux organismes et personnes œuvrant dans les services de garde.

Le projet établit aussi quatre types de services de garde : les garderies, la garde en milieu familial organisée par des agences, la garde en milieu scolaire et la halte-garderie. Cependant, seuls les deux premiers types de services de garde doivent obtenir un permis d'opération, lequel ne pourra être délivré qu'à des établissements à but non lucratif. En dernier lieu, l'avant-projet de loi fait obligation aux commissions scolaires de dispenser des services de garde pour les enfants de niveau primaire durant les jours de classe, en dehors des heures d'enseignement.

Au niveau du financement public des services de garde, il est prévu que l'Office versera des subventions aux garderies et aux agences pour le bénéfice des personnes responsables des services de garde en milieu familial. L'avant projet affirme aussi le principe de la contribution des parents aux frais de garde et prévoit la possibilité d'obtenir une exonération du paiement de cette contribution.

La commission parlementaire chargée d'étudier l'avant-projet de la loi sur les services de garde à l'enfance tient ses assises du 2 au 18 octobre 1979. Certaines garderies critiquent le fait qu'il n'y ait pas eu de consultation publique avec publicité et information adéquates sur le problème de garderies. À la veille du début des travaux de la commission parlementaire, le RGQ fait une conférence de presse pour faire connaître les revendications des garderies.

Lors des audiences publiques, vingt-sept mémoires sont déposés. Différentes associations se font entendre, dont les regroupements de garderies, des groupes de femmes, des organismes familiaux, scolaires ou syndicaux, des associations œuvrant dans le domaine des affaires sociales ainsi que des pédagogues.

Pour les regroupements de garderies, l'adoption d'une loi cadre marque un tournant dans le dossier des services de garde au Québec. Après plusieurs années de lutte, ils obtiennent finalement une réponse à leurs demandes pour une intervention gouvernementale plus affirmée dans ce domaine[20]. Cependant, s'ils sont en accord avec les principes énoncés dans l'avant-projet de loi, ils estiment que le gouvernement ne leur donne pas les moyens pour rendre ces objectifs réalisables.

Ainsi, le RGQ et SOS garderies demandent des subventions globales pour assurer le financement direct des garderies. Leurs mémoires reflètent d'ailleurs leurs préoccupations immédiates. SOS garderies aborde le problème du logement et sollicite des locaux gratuits dans des édifices publics et para-publics. Le RGQ, de son côté, s'attarde à dénoncer la garde en milieu familial parce que les agences ne seront pas contrôlées par les parents et que les femmes qui assumeront cette tâche seront mal payées, n'auront droit à aucun avantage social et seront confinées dans leur rôle traditionnel de gardiennes d'enfants. La question de la création d'un Office des services de garde à l'enfance n'apparaît pas comme un thème central dans les discussions à la commission parlementaire. Soulignons cependant que le RGQ voudrait que l'organisme ait des assises régionales pour être représentatif du milieu alors que SOS garderies craint «l'ingérence de l'État dans les affaires internes des garderies».

L'Association des propriétaires de garderies privées du Québec, pour sa part, centre l'essentiel de son argumentation sur la pertinence de garderies à but lucratif et déplore le fait qu'elles n'aient aucun droit de cité dans l'ensemble de l'avant-projet de loi.

---

20. Les regroupements de garderies qui présentent un mémoire à la commission parlementaire sont le RGQ, SOS garderies, le Regroupement des garderies de la région 6C, l'Association des propriétaires de garderies privées du Québec, l'Association des garderies de la région 04, l'Agence de garde en milieu familial du Lac Etchemin et la Corporation garderies Le Colombier inc.

Le 29 novembre 1979, le projet de loi 77 sur les services de garde à l'enfance est présenté en première lecture. La version est quelque peu modifiée par rapport à l'avant-projet de loi, ouvrant ainsi une brèche aux garderies à but lucratif. L'Office pourra en effet accorder, des permis à des personnes si celles-ci ne détiennent aucun autre permis de services de garde et lorsque, «de l'avis du ministre des Affaire sociales, l'intérêt public l'exige». Ayant gagné la première manche, l'Association des propriétaires de garderies privées du Québec accentue son lobbying. Des lettres, des pétitions, des télégrammes continuent d'inonder les bureaux des députés, des ministres et même

Le RGQ manifeste un peu avant Noël pour dénoncer la Loi sur les services de garde à l'enfance.

Photo: Louise Degrobois

de René Lévesque. Un député de l'Union nationale, Fernand Grenier, se fait même le porte-parole de l'association à l'Assemblée nationale.

Lors de l'audition en deuxième lecture du projet de loi, tout est joué. Le ministre Lazure déclare qu'effectivement la porte sera davantage ouverte pour les garderies à but lucratif et que l'Office leur accordera des permis, à la condition qu'elles ne constituent pas une chaîne commerciale. Et dans *La Presse* du 8 décembre 1979, on annonce: «revirement spectaculaire à

«À la garderie, on s'fait beaucoup d'amis...», un espoir pour les enfants des années 1980.

Photothèque de l'Office national du film du Canada. 74-4351.

l'Assemblée nationale». Dès la publication de cette nouvelle, un front commun des regroupements de garderies se forme contre le projet de loi 77. On en exige le retrait immédiat. Plusieurs organismes estiment avoir été trahis puisqu'en commission parlementaire la question des garderies à but lucratif n'a pratiquement pas été débattue. On croyait en effet qu'il était acquis que les principes touchant la libre entreprise au Québec n'avaient rien à voir avec la garde des enfants. Néanmoins, la Loi sur les services de garde à l'enfance est adoptée en troisième lecture le 20 décembre 1979, un peu avant que ne s'achève l'Année internationale de l'enfant[21].

Pour les regroupements de garderies, c'est la fin d'une époque. Après plusieurs années de lutte et de pressions multiples, cette loi vient sanctionner un certain nombre de principes pour lesquels ils se sont battus. Désormais, il ne sera plus possible de revenir en arrière, car l'existence des services de garde est un acquis au Québec. Cependant, il reste à en augmenter le nombre, à en accroître l'accessibilité aux parents, à améliorer la qualité des services existants, et à doter le Québec d'une véritable politique sur les services de garde à l'enfance. Le défi des années 1980!

---

21. Dans la version finale du texte de loi, d'autres modifications sont également perceptibles. Par exemple, l'Office n'a plus comme fonction de concevoir et d'élaborer une politique générale des services de garde telle que définie dans l'avant-projet de loi; les commissions scolaires ne sont plus obligées de fournir des services de garde en milieu scolaire et une cinquième catégorie de services de garde est ajoutée à la liste initiale, soit les jardins d'enfants.

CHAPITRE 5

Les premiers pas de l'Office des services de garde à l'enfance: (1980-1987)

L'heure de la baignade dans un service de garde en milieu de travail du centre-ville.

Photo: Yves Barrière

L'Office des services de garde à l'enfance, un organisme qui a le vent dans les voiles

En 1980, le Service des garderies cède la place à l'Office des services de garde à l'enfance qui commence à opérer réellement à partir du mois d'octobre. Au moment de sa création, l'Office relève du ministre des Affaires sociales mais à compter de 1982, c'est la ministre déléguée à la Condition féminine qui prend la relève et devient responsable du dossier.

Seul organisme du genre au Canada, l'Office des services de garde à l'enfance témoigne de la volonté du gouvernement de s'engager plus à fond dans le développement des services de garde. Deux objectifs fondamentaux guident la philosophie de ce nouvel organisme qui est chargé de mettre en application la loi votée en 1979 : le droit de la femme au travail et aux loisirs ainsi que le droit du jeune enfant à un service de garde de qualité.

L'Office des services de garde à l'enfance est composé de dix-sept membres qui ont pour mandat général de déterminer les orientations de l'organisme. Treize membres dont le président sont nommés par le gouvernement. À l'exception du président, ils sont désignés de façon à ce que toutes les régions du Québec soient représentées : sept de ces membres sont des parents d'enfants qui utilisent des services de garde en garderie, en jardin d'enfants, en milieu familial ou en milieu scolaire; l'un d'eux doit également être parent d'enfant handicapé, l'un d'eux employeur et l'un d'eux travailleur. Trois membres sont choisis parmi les personnes œuvrant dans les services de garde à l'enfance, un membre parmi les commissaires et enfin un dernier parmi les membres des conseils des corporations municipales. Les quatre autres personnes, sans droit de vote, sont des fonctionnaires désignés respectivement par le ministre de la Santé et des Services sociaux, le ministre de l'Éducation, le ministre des Affaires municipales et le ministre d'État à la Condition féminine.

Sans constituer un ministère comme tel, l'Office des services de garde à l'enfance a des fonctions plutôt vastes et sa première présidente, madame Lizette Gervais, a tout un défi à relever en 1980. En effet, en plus de veiller à ce que soient assurés des services de garde de qualité, l'Office doit également promouvoir le développement des services en relation avec les autres politiques familiales. Il doit aussi établir un plan annuel de développement qui tienne compte de l'envergure de la demande et de la viabilité des projets soumis. Autant de tâches qui doivent être menées en gardant un contact étroit avec le milieu puisqu'il faut également apporter un soutien technique et financier aux services de garde, centraliser l'information sur la question et la diffuser, assurer une meilleure formation du personnel, voir à ce que les règles d'hygiène et de sécurité soient appliquées, etc.

En outre, par la loi qui l'a constitué, l'Office des services de garde à l'enfance jouit de plus larges pouvoirs que le Service des garderies. Mentionnons entre autres, le pouvoir :

- de faire des règlements;
- d'émettre des permis;
- de faire des inspections;
- d'administrer les subventions de l'État;
- de désigner des représentants régionaux;
- de déterminer leurs fonctions.

Pour ce faire, une équipe dynamique qui ferait tomber bien des préjugés sur les fonctionnaires compte tenu de la tâche énorme qui l'attend dans un secteur où tout est encore à bâtir. Tâche d'autant plus difficile à mener puisque l'Office fait le pont entre un milieu qui réclame toujours davantage et les restrictions imposées par les budgets votés à l'Assemblée nationale.

Il faut dire qu'en 1980, les regroupements de garderies regardent avec suspicion ce nouvel organisme qui vient prendre en main l'organisation des services de garde. On craint l'ingérence de l'État et surtout le développement d'un grand nombre de garderies à but lucratif. Néanmoins, le gouvernement entend tenir compte des acquis du mouvement des garderies et énonce trois principes dont il faudra tenir compte dans l'application de la loi, principes qui sont d'ailleurs toujours en vigueur aujourd'hui :

- la participation des parents à l'organisation et au fonctionnement des services de garde. Par ce principe, le gouvernement entend privilégier le développement des garderies à but non lucratif et des coopératives où un conseil d'administration est composé majoritairement de parents;

- la liberté de choix pour les parents, c'est-à-dire qu'ils pourront choisir parmi un éventail de services comprenant les services de garde en milieu familial, les services de garde en milieu scolaire, les services de garde en garderie, les services de garde en halte-garderie, et les services de garde en jardin d'enfants[22];

- l'accès aux services par l'augmentation des budgets et par la multiplication du nombre de services disponibles.

Lorsque l'Office hérite du dossier des garderies en 1980, les problèmes sont nombreux : budgets insuffisants, manque de places, coût élevé pour les parents, problèmes de locaux, etc. Il y a donc un premier travail de déblayage à effectuer et pour ce faire, l'Office réalise différentes études pour tracer le bilan de la situation. La plus importante de ces études, intitulée «*Des garderies malgré tout*»[23], démontre que plus des deux tiers des garderies sont gérées par les parents-usagers à titre de membres majoritaires des conseils d'administration. Il s'agit là d'un changement important puisqu'en 1972, à peine la moitié des garderies étaient ainsi administrées par les parents.

Autre changement important, on retrouve maintenant des garderies dans toutes les régions du Québec. Cependant, il existe d'importantes disparités régionales en ce qui concerne, par

---

22. Les articles concernant l'émission de permis aux jardins d'enfants et haltes-garderies ne sont toutefois pas encore en vigueur.

23. BROUILLET, C., C. MERCIER et R. TESSIER. *Des garderies malgré tout. Situation des garderies au Québec en 1981.* Québec, Office des services de garde à l'enfance, Collection «Études et recherches», volume 1, 1981, 229 p.

exemple, la distribution de la clientèle[24]. Les listes d'attentes sont nombreuses particulièrement en milieu urbain et les services pour les moins de 2 ans sont peu développés. Quant aux conditions de travail du personnel, elles sont bien en deçà de celles des personnes ayant une formation similaire, plusieurs éducatrices n'ont pas de contrat de travail et doivent faire du temps supplémentaire bénévole. Bref, les besoins à satisfaire sont nombreux et les supports encore fragiles. En 1981, il y a environ vingt-deux mille enfants, plus de trente mille parents et quelques milliers d'éducateurs et d'éducatrices impliqués dans ce grand projet collectif.

En juin 1982, Lizette Gervais quitte son poste et la présidence de l'Office est confiée à Stella Guy qui, à plusieurs reprises, s'est impliquée dans des dossiers touchant la condition féminine. Peu après son arrivée, elle entreprend avec quelques membres du personnel de l'Office, une tournée de consultation à travers le Québec.

Cette tournée de consultation vise à identifier les besoins et établir les priorités dans le but d'élaborer un plan pour la consolidation et le développement des services de garde. Après avoir recueilli les opinions de plus de 900 personnes, les membres de l'Office adoptent en juin 1983, un document intitulé «*Les orientations générales de l'Office des services de garde à l'enfance*». Il y est mentionné que l'Office développera en priorité les services de garde en garderie et soutiendra le développement des agences de services de garde en milieu familial. Quant à la garde des enfants d'âge scolaire, on prévoit en partager la responsabilité avec le ministère de l'Éducation.

Après avoir statué sur les orientations générales, l'Office publie son premier plan quinquennal de développement et se fixe comme objectif de doubler, en cinq ans, le nombre de places de garde autorisées tout en réduisant les disparités régionales observées. Il se propose en outre de mettre en application toute

---

24. En 1983, l'Office a entrepris une campagne de publicité et de sensibilisation auprès des services de garde de trois régions administratives du Québec : le Bas Saint-Laurent / Gaspésie, l'Estrie et la Montérégie. Cette campagne a eu un impact immédiat et a favorisé le développement des services de garde dans ces régions.

une série de politiques sectorielles touchant des secteurs tels la formation du personnel, le logement, le financement, l'intégration des enfants handicapés, la garde en milieu familial et la garde des poupons. On prévoit également faire promulguer les articles concernant l'émission de permis aux jardins d'enfants et haltes-garderies.

Plan ambitieux s'il en est, l'Office doit rapidement réviser ses objectifs pour tenir compte des crédits accordés et des difficultés que lui pose la demande des services de garde dans les différentes régions de la province. Quant aux politiques sectorielles, même si les besoins sont urgents, il faudra établir des priorités car il n'est pas possible d'agir sur tous les plans à la fois.

L'année 1983 a été fructueuse à plusieurs niveaux principalement parce que l'on a adopté le *Règlement sur les services de garde en garderie* afin de remplacer les normes du ministère des Affaires sociales qui dataient de 1972. Adopté dans le but d'améliorer la qualité des services et le mieux-être des enfants qui fréquentent une garderie, ce règlement présente les conditions minimales de services. Il comprend des articles sur les conditions d'obtention d'un permis, le personnel, l'hygiène, la salubrité et la sécurité, l'aménagement, le chauffage, l'éclairage des lieux, l'équipement, l'ameublement ainsi que la fiche d'inscription et d'assiduité des enfants à la garderie. L'application de ce règlement a cependant entraîné des coûts supplémentaires pour les services de garde qui ont tôt fait de demander au gouvernement les fonds nécessaires pour satisfaire aux nouvelles exigences. En effet, la majorité des garderies refusaient d'augmenter la contribution des parents pour devenir conformes à la nouvelle réglementation. Notons par ailleurs que les regroupements de garderies ont réagi différemment dans ce dossier. Alors que les garderies à but lucratif jugeaient la réglementation trop sévère, les garderies sans but lucratif estimaient pour leur part qu'elle manquait de rigueur et qu'elle n'allait pas assez loin.

L'entrée en vigueur du *Règlement sur les services de garde en garderie* amène aussi l'Office à préciser ses exigences en matière de qualification du personnel des garderies. L'Office veut s'assurer de la présence dans chaque milieu de personnes formées spécifiquement en petite enfance, et pour ce faire, veut favoriser l'accessibilité aux programmes de formation de niveau collégial ou universitaire reliés à l'éducation ou au développement du jeune enfant. De la même manière, l'Office est amené à élaborer un programme santé pour les tout-petits. Ce programme vise d'une part à sensibiliser les services de garde aux besoins de santé des enfants et d'autre part, à amener les départements de santé communautaire (D.S.C.) et les C.L.S.C. à collaborer avec les services de garde.

Cette même année, le Conseil des ministres adopte la politique de logement qui stipule que le gouvernement du Québec met à la disposition de ses employés qui désirent implanter des services de garde des locaux situés dans les édifices publics. Ainsi, lorsqu'un projet de garderie est accepté par l'Office, la Société immobilière du Québec, en collaboration avec la corporation de la garderie, assume la responsabilité de trouver un local. Les frais d'aménagement des locaux excédant le montant des subventions accordées sont assumés par la Société qui doit aussi assurer aux garderies des baux d'une durée minimale de cinq ans. Désormais donc, les employés de la fonction publique devraient pouvoir bénéficier de garderies dans leur milieu de travail. Des mesures sont également prévues pour que la moitié des places disponibles soient occupées par les enfants du quartier où est située la garderie.

À l'image de la société québécoise qui est de plus en plus sensible aux problèmes des personnes handicapées et qui veut favoriser leur intégration dans la société, l'Office adopte une politique à cet effet. Celle-ci prévoit un soutien professionnel et des subventions spéciales pour que ces enfants puissent avoir accès aux services de garde.

En 1984, l'Office adopte une politique concernant la garde en milieu familial et la garde des poupons (enfants âgés de moins de 18 mois)[25]. Dans le premier cas, il reconnaît que les services de garde en milieu familial sont un complément ou une solution alternative aux garderies. En outre, ils procurent cer-

---

25. Le ministère des Affaires sociales avait autorisé en 1979 l'existence de la garde en milieu familial reconnue par une agence. L'agence ayant obtenu un permis avait droit à une subvention de fonctionnement et les parents étaient admissibles au programme d'exonération financière.

tains avantages tels la possibilité d'ouvrir leurs portes en soirée, la nuit et parfois la fin de semaine. Conséquemment, ces services peuvent être mis en place partout au Québec et recevoir une clientèle dont l'âge s'étend de la naissance à douze ans. Ainsi des agences de services de garde en milieu familial s'implantent dans toutes les régions du Québec, et l'organisme qui les représente, le Regroupement des agences de services de garde en milieu familial du Québec (R.A.S.G.M.F.Q.) prend de plus en plus d'importance.

En ce qui concerne la garde des poupons, l'Office ne privilégie aucune catégorie de services de garde. Les places peuvent être développées dans des services de garde en garderie et dans des agences de services de garde en milieu familial.

Quelques moments d'intimité dans un service de garde en milieu familial

Photo: Yves Barrière

Dans un tout autre domaine, l'Office a entrepris à partir de 1984, une campagne de sensibilisation auprès de plusieurs municipalités régionales de comté (M.R.C.) et les Communautés urbaines de Montréal et de Québec pour de les amener à prévoir la localisation des garderies dans leurs schémas d'aménagement du territoire. Cette démarche fait partie d'une série de mesures mises en place pour favoriser l'accessibilité et la stabilité des services de garde dans des locaux adéquats.

Enfin, pour permettre aux garderies de se conformer à la section du règlement portant sur l'aménagement des locaux qui entre en vigueur en 1985, le ministère des Affaires municipales instaure un programme de subventions destiné aux municipalités qui ont des locaux qui pourraient être mis à la disponibilité de garderies. Pour la première fois, les garderies à but lucratif peuvent bénéficier d'une subvention de l'Office pour le réaménagement de locaux.

L'année 1986-1987, qui est une année de renouvellement massif des permis, est aussi marquée par un grand nombre d'auditions, devant les membres désignés par l'Office, de garderies non conformes au règlement. Il s'avère que les garderies prennent les dispositions pour se conformer, puisque seulement trois permis ne sont pas renouvelés. Les dispositions du règlement concernant l'aménagement des locaux auront donc permis d'atteindre une certaine uniformité et une qualité des services concernant des espaces clairs, bien équipés et sécuritaires.

L'année 1985 est par ailleurs marquée par la tenue du premier colloque provincial sur la qualité de vie dans les services de garde. Organisé sous le thème «les besoins des petits sont grands», ce colloque a réuni à Montréal 1 500 personnes, venues de tous les coins du Québec pour échanger sur les pratiques éducatives dans les services de garde. Les participants font le bilan du travail accompli et proposent différentes avenues pour maintenir et améliorer la qualité des services existants.

D'autre part, conscient des besoins des garderies en matière de gestion des ressources humaines, l'Office adopte en 1985 une politique à cet effet qui a pour but de renforcer le soutien technique et professionnel offert, tout en respectant l'autonomie du service de garde et en évitant l'ingérence directe de l'Office dans les rapports reliés aux conditions de travail. Des ateliers et documents d'information sont offerts afin d'aider les parents membres des divers comités à gérer efficacement leur service de garde.

Enfin, l'Office présente cette même année un mémoire au comité chargé de la consultation sur la politique familiale au Québec et apporte sa collaboration pour formuler les recommandations concernant le développement des services de garde.

En 1986, dans la perspective d'un développement à long terme des services de garde, un nouveau plan quinquennal est adopté qui prévoit la création de 50 000 places en services de garde d'ici à 1992. Au printemps 1986, l'Office entreprend également une tournée de consultation auprès des agences de services de garde en milieu familial, des parents et des responsables de famille de garde. L'objectif de ces rencontres est d'échanger sur un projet de règlement sur les agences et les services de garde en milieu familial, préparé par l'Office.

Ainsi donc, l'Office des services de garde à l'enfance n'est pas en chômage, plusieurs dossiers sont menés de front en même temps que progresse de façon continue l'éventail des publications touchant tous les aspects des services de garde. Des guides, des documents de recherche et des instruments de travail sont maintenant disponibles afin de renseigner le public en général et outiller les parents et le personnel des services de garde. En outre, le bimestriel *Petit à Petit*, qui est en fait la première revue québécoise entièrement consacrée aux services de garde et aux sujets reliés au développement de l'enfant, atteint en 1987 un tirage de 15 000 abonnés.

En juillet 1987, Stella Guy quitte la présidence de l'Office. Lors de son départ, madame Guy rencontre les journalistes et dresse un bilan plutôt positif de son passage à l'Office. «En cinq ans, dit-elle, des pas de géant ont été accomplis pour doter le Québec de services de garde de qualité.» Le nombre de places a plus que doublé, le nombre de garderies est passé de 481 à

731. Du côté des agences de services de garde en milieu familial, les 874 places dans 16 agences en 1982 ont grimpé à 3860 places dans 55 agences. Enfin, du côté des écoles, les 242 services représentant 7057 places ont atteint, en 1987, les 18 961 places dans 428 établissements.

En plus des politiques sectorielles qui ont été adoptées, il y a eu également une nette amélioration de la qualité des services en garderie grâce à la réglementation qui permet à l'Office d'exercer un contrôle pour assurer le mieux-être des enfants. On pourrait presque parler d'histoire accélérée durant ces cinq années. Et ce, malgré le fait que la période ait été marquée par des restrictions budgétaires dans la plupart des ministères et huit changements de ministres responsables de l'Office de 1982 à 1987. C'est beaucoup pour soutenir l'ossature fragile d'un organisme aussi jeune.

Il faut dire qu'il y avait du rattrapage à faire et malgré tout le travail accompli par l'Office et ses partenaires, les besoins sont tels que pour les parents, les garderies sont toujours coûteuses et en nombre insuffisant. Une analyse de l'évolution des types de service, du nombre de places et des subventions de l'État permet tout de même de voir le chemin parcouru entre 1980 et 1987.

Les types de services de garde, leur développement et leur financement

Les types de services de garde:

La liberté de choix des parents a été énoncée dès la création de l'Office comme un des principes devant sous-tendre le développement des services de garde. L'exercice de cette liberté suppose donc qu'il existe une variété de services qui puissent répondre aux besoins des familles.

Cinq catégories de services de garde sont reconnus par la loi: les services de garde en garderie, en halte-garderie, en milieu familial, en milieu scolaire et en jardin d'enfants.

Chacun de ces services se définit comme suit :

- **service de garde en garderie :** un service de garde fourni dans une installation où on reçoit au moins 10 enfants de façon régulière et pour des périodes qui n'excèdent pas 24 heures consécutives ;

- **service de garde en halte-garderie :** un service de garde fourni dans une installation où on reçoit au moins 10 enfants de façon occasionnelle et pour des périodes qui n'excèdent pas 24 heures consécutives ;

Un repas animé dans un service de garde en milieu scolaire

Photo : Yves Barrière

- **service de garde en jardin d'enfants :** un service de garde fourni dans une installation où on reçoit au moins 10 enfants de 2 à 5 ans de façon régulière et pour des périodes qui n'excèdent pas 3 heures par jour, à l'exception des services organisés par une commission scolaire ou une corporation de syndics ;

- **service de garde en milieu familial :** un service de garde fourni par une personne physique, contre rémunération, dans une résidence privée où elle reçoit de façon régulière au plus 4 enfants incluant ses enfants reçus dans cette résidence privée ou, si elle est assistée d'une autre personne adulte, au plus 9 enfants incluant les enfants de ces 2 personnes reçus dans cette résidence privée et pour des périodes qui peuvent excéder 24 heures consécutives ;

- **service de garde en milieu scolaire :** un service de garde fourni par une commission scolaire ou une corporation de syndics aux enfants à qui sont dispensés dans ces écoles les cours et les services éducatifs du niveau de la maternelle et du primaire.

Notons par ailleurs que la distinction entre les garderies à but lucratif et à but non lucratif existe toujours. Dans le premier cas, les propriétaires qui détiennent le permis de garderie peuvent être des personnes seules ou associées ou encore des corporations commerciales et peuvent faire des profits. Ces titulaires de permis n'ont pas droit aux subventions gouvernementales mais les parents qui y placent leurs enfants sont admissibles au programme d'aide financière.

L'Office, pour sa part, privilégie les garderies à but non lucratif dont les parents sont majoritaires au conseil d'administration. Les titulaires de permis ont donc droit aux subventions gouvernementales et les parents des enfants qui les fréquentent sont évidemment admissibles au programme d'aide financière.

Tableau 4
Évolution au Québec du nombre de places et de services de garde au 31 mars,
Québec, 1981-1987

Services de garde	Indice	1981	1982	1983
Garderies				
À but lucratif				
– Garderies	N	79	86	101
– Places au permis	N	3 041	3 485	4 302
Sans but lucratif				
– Garderies	N	41*	41	40
– Places au permis	N	2 185*	2 185	1 962
Sans but lucratif subventionnée				
– Garderies	N	320*	354	367
– Places au permis	N	14 846*	17 031	17 813
– Places subventionnées	N	14 846*	17 031	17 707
Sous-total				
– Garderies	N	440	481	508
– Places au permis	N	20 689	22 701	24 077
Agences				
– Agences	N	15	16	22
– Places au permis	N	794	874	1 182
Services de garde en milieu scolaire**				
– Services de garde	N	- - -	242	264
– Places au permis	N	3 520**	7 057	7 777
Grand total de places en services de garde	N	25 003	30 632	33 036

Source : Office des services de garde à l'enfance. *Rapport d'activité*, 1980-1981,
1981-1982, 1982-1983, 1983-1984, 1984-1985, 1985-1986, 1986-1987. Ministère de l'Éducation (pour les données concernant les services de garde en
milieu scolaire).

Le développement des services de garde

Une telle énumération des différents services de garde peut,
a priori, laisser croire qu'il existe un nombre suffisant de services de garde à l'échelle du Québec, mais il ne faudrait pas
s'y méprendre. Même si en principe, selon la loi, tous les jeunes
enfants devraient avoir accès à des services de garde de qualité, les chiffres démontrent que c'est encore une minorité
d'entre eux qui y ont accès. Le nombre de places disponibles
ne correspond encore qu'à un faible pourcentage des besoins.

Services de garde	1984	1985	1986	1987
Garderies				
À but lucratif				
- Garderies	112	128	160	191
- Places au permis	4 648	5 342	6 546	7 956
Sans but lucratif				
- Garderies	38	34	30	28
- Places au permis	1 937	1 689	1 564	1 484
Sans but lucratif subventionnée				
- Garderies	410	438	484	512
- Places au permis	19 808	21 8003	24 567	26 824
- Places subventionnées	19 788	21 405	23 557	25 273
Sous-total				
- Garderies	560	600	674	731
- Places au permis	26 393	28 834	32 677	36 264
Agences				
- Agences	28	37	47	55
- Places au permis	1 519	2 314	3 060	3 860
Services de garde en milieu scolaire**				
- Services de garde	278	299	368	428
- Places au permis	8 671	10 931	15 267	18 961
Grand total de places en services de garde	36 583	42 079	51 004	59 085

* Les données au 31 mars 1981 n'étant pas disponibles, une extra-
polation a été faite à partir des données au 31 mars 1982.

** Les données en juin 1981 n'étant pas disponibles au ministère
de l'Éducation, le nombre de places enregistré à l'Office a été
retenu.

Il faut dire que depuis 15 ans la société québécoise a évolué
considérablement. Le taux d'activité des femmes avec des
enfants d'âge préscolaire a augmenté de 29,9% en 1975 à
52,3% en 1987. De plus, la baisse du taux de natalité (1,4 enfant
par famille) fait en sorte que plusieurs parents veulent utiliser
la garderie pour permettre à leur enfant de se socialiser. Enfin,
parmi les 200 000 familles monoparentales identifiées en 1987,
on retrouve une majorité de femmes chefs de famille qui ont
souvent plus d'un enfant.

Cependant, même si les besoins sont loin d'être comblés, le nombre de places dans les services de garde a augmenté de manière constante depuis la création de l'Office comme le démontre le tableau suivant :

Comme on peut le constater, le nombre de places dans les services de garde est passé de 25 003 en 1981 à 59 085 places reconnues en mars 1987. Il faut noter également une évolution significative du côté des agences de services de garde en milieu familial (15 à 55) et des services de garde en milieu scolaire (242 à 428), services qui étaient d'ailleurs peu ou pas développés avant la création de l'Office des services de garde à l'enfance. En ce qui concerne la garde en milieu scolaire l'administration des subventions a été confiée aux commissions scolaires qui sont également responsables de l'organisation des services de garde. Tout en respectant le cadre général établi par la loi et les normes du ministère de l'Éducation, chaque commission peut élaborer une politique interne de gestion.

Le financement des services de garde

Aussi loin que l'on remonte en arrière, le financement des services de garde n'a jamais réussi à faire l'unanimité et ce, même au sein des regroupements de services de garde. D'ailleurs, l'épineux problème des subventions refait continuellement surface puisque les montants versés aux services de garde sont bien en deçà des revendications du milieu. Aujourd'hui encore le financement des services de garde reconnus est toujours assuré par la contribution des parents usagers et par les programmes gouvernementaux fédéral et provincial. Ainsi, même si les services de garde sont sous juridiction provinciale, le gouvernement fédéral participe au financement par le biais du Régime d'assistance publique du Canada[26].

---

26. Le gouvernement fédéral rembourse au Québec 50 % des coûts du programme d'aide financière pour les parents utilisant une garderie sans but lucratif ou un service de garde en milieu familial reconnu et 50 % des coûts de fonctionnement de ces services pour les parents qui bénéficient de l'aide financière (soit environ la moitié des places subventionnées). Il refuse toutefois de partager ces coûts pour les garderies à but lucratif et pour les services de garde en milieu scolaire.

L'office, pour sa part, pourvoit au financement des services de garde principalement par le biais de deux programmes de paiement de transfert: l'aide financière aux parents qui ont un revenu modeste et les subventions directes aux services de garde à but non lucratif dont le conseil d'administration est formé d'une majorité de parents. Au cours des années, le montant maximum d'aide financière accordé aux parents est majoré mais les bases de calcul du programme d'aide financière demeurent inchangées. Le montant accordé s'appuie toujours sur le revenu familial et la composition de la famille (nombre d'adultes et nombre d'enfants). En 1987, l'aide financière maximale accordée est de 10,50$ par jour. Quant aux subventions directes aux services, elles se sont diversifiées au cours des années: subvention pour le fonctionnement des garderies et des agences de services de garde en milieu familial, subvention pour les poupons, pour l'intégration des enfants handicapés, pour l'implantation de nouveaux services de garde, pour le logement, etc.

Aux coûts assumés par l'Office s'ajoutent les subventions octroyées par l'intermédiaire du ministère de l'Éducation du Québec pour les services de garde en milieu scolaire. Un montant de base de 4000$ est accordé pour la mise sur pied d'un service de garde dans une école. La commission scolaire reçoit également pour assumer les frais d'opération un montant annuel de 200$ par enfant pour les 30 premiers enfants, de 175$ pour les 20 suivants et 150$ pour les autres. D'autres subventions sont également prévues pour les enfants handicapés ou ceux provenant de milieux économiquement faibles.

Notons enfin que l'Office ne partage pas la revendication prônée par certaines associations en faveur d'un réseau des services de garde universel et gratuit. Cependant, il reconnaît que les services ont des problèmes financiers graves et c'est pourquoi chaque année il réclame une augmentation des budgets. Cette évolution des dépenses de l'Office des services de garde à l'enfance se présente comme suit:

Tableau 5
Évolution des dépenses de l'Office des services de garde à l'enfance,
Québec, 1980-1987

Dépenses	1980-1981	1981-1982	1982-1983	1983-1984
- Frais d'administration de l'Office	440 550	1 096 820	1 518 606	1 774 733
- Aide financière aux parents	16 038 874	17 703 007	17 152 846	21 872 562
- Subventions Services de garde	11 180 841	12 890 065	21 594 357	23 854 663
Organismes	- - -	- - -	97 355	119 425
- Autres	- - -	- - -	- - -	- - -
Total	27 660 265	31 689 892	40 363 164	47 621 383

Source : Office des services de garde à l'enfance. *Rapport annuel*, 1980-1981,
    1981-1982, 1982-1983, 1983-1984, 1984-1985, 1985-1986, 1986-1987.

On peut donc remarquer qu'une forte proportion des ressources financières est accordée aux services de garde. Les frais d'administration de l'Office sont d'environ 4,6 % du budget total, alors que le reste est consacré à l'aide financière aux parents, aux subventions aux services de garde et aux subventions versées aux organismes.

Des acquis précieux grâce à la collaboration de plusieurs partenaires

Depuis sa création, l'Office des services de garde à l'enfance a cherché à impliquer divers intervenants et organismes dans une action concertée afin de développer les services de garde au Québec. La dynamique particulière de l'évolution de ces services a fait des regroupements de garderies des partenaires privilégiés de ce développement. L'histoire même des garderies a tracé les sillons dans cette voie puisque le gouvernement n'a nullement initié le développement des garderies au Québec, il n'a fait que réagir aux pressions des associations féminines et des regroupements de garderies. Depuis 1982, l'Office reconnaît donc cet apport en offrant à ces derniers une sub-

Dépenses	1984-1985	1985-1986	1986-1987
- Frais d'administration de l'Office	2 396 114	3 246 025	3 712 775
- Aide financière aux parents	24 555 133	31 318 661	37 058 976
- Subventions			
Services de garde	26 481 345	34 889 604	38 128 806
Organismes	157 850	105 900	139 100
- Autres	- - -	596 667*	284 544*
Total	53 590 442	70 156 857	79 324 201

	1986	1987
* Aide garderies privées	501 667	284 544
Promotion	80 000	- - -
Projet expérimental	15 000	- - -

vention pour leur permettre de réaliser des activités d'information, d'éducation et de prévention. Ces organismes (Regroupement des garderies du Québec, Regroupement des garderies du Montréal métropolitain, etc.) représentent leurs membres auprès de l'Office. De la même manière, le Regroupement des agences de services de garde en milieu familial vise la défense et la promotion de la garde en milieu familial régie. Il représente l'ensemble des agences auprès de l'Office et favorise les liens entre elles.

Les parents constituent également un groupe de partenaires essentiel pour l'Office parce que ce sont eux les premiers responsables de la garde de leurs enfants. Les parents forment la majorité des groupes promoteurs et dans la plupart des cas administrent les services de garde en garderie sans but lucratif implantés au Québec. Il faut dire cependant que le processus d'implantation d'une garderie par les parents usagers est long et fort complexe (entre 12 et 18 mois). L'Office doit donc offrir un support aux groupes promoteurs. Il organise, par exemple, des sessions d'information sur l'aménagement d'une garderie, la planification budgétaire, la gestion des ressources humaines de même que l'élaboration de programmes d'activités. Pour des parents qui travaillent à temps plein et qui ont de jeunes enfants, il faut beaucoup de détermination et de courage pour mener à terme ces projets.

L'Office s'est également tourné vers des partenaires naturels tels le gouvernement du Québec dont deux ministères en particulier, celui de l'Éducation et celui des Affaires Sociales. Nous avons vu en effet que par sa politique de logement des garderies dans les édifices publics, le gouvernement du Québec abrite un nombre croissant de garderies et leur offre un soutien technique et financier.

Il était une fois... l'heure
de la lecture dans une garderie
Photo : Yves Barrière

En ce qui concerne le réseau de l'éducation, les commissions scolaires ont aujourd'hui la responsabilité du développement des services de garde dans leur milieu. Mais cette histoire est relativement récente et remonte en fait à 1978 lorsque 15 commissions scolaires commencent avec la collaboration des parents à dispenser des services de garde à leur clientèle des nieaux préscolaire et primaire après les heures de classe. L'année suivante, le service s'étend à 35 commissions scolaires pour rejoindre quelque 5000 enfants. Sept ans plus tard, soit en 1986, 474 écoles offrent des services à près de 20 000 enfants.

L'évolution rapide de ce type de service qui ne répond d'ailleurs encore aujourd'hui qu'à une infime minorité des besoins impose une structure de regroupement. L'Association des services de garde en milieu scolaire du Québec Inc. voit le jour en mai 1985. Elle s'est fixée pour objectif de représenter les services de garde en milieu scolaire auprès de toutes les instances gouvernementales afin de favoriser la concertation de tous les agents intéressés au développement de ce service.

Par ailleurs, les institutions collégiales et universitaires, quant à elles, œuvrent principalement au niveau de la formation du personnel des services de garde puisqu'elles sont responsables des programmes de techniques d'éducation en services de garde au niveau collégial et de divers programmes de formation en éducation préscolaire au niveau universitaire. De plus, plusieurs de ces institutions logent un nombre croissant de garderies à des conditions très avantageuses.

Le réseau des affaires sociales met, lui aussi, ses locaux à la disposition des services de garde. Ces établissements fournissent également un soutien aux groupes promoteurs d'un service de garde en garderie ou en milieu familial. De plus, la collaboration d'établissements de santé a permis à l'Office de réaliser un programme sur la santé dans les services de garde et de réaliser le guide *Des enfants gardés..., en santé*[27]. Les Centres locaux de services communautaires (C.L.S.C.) ont participé à la diffusion de l'ouvrage et offert des sessions de sensibilisation sur la santé aux services de garde de leur région.

---

27. PROULX, Monique et Monique RICHARD. *Des enfants gardés... en santé*. Québec, Office des services de garde à l'enfance, 1985, 157 p.

D'autre part, partant du principe que toute la société est responsable de l'organisation et du développement des services de garde, l'Office a également cherché la contribution des municipalités et des entreprises privées. On se rappelle en effet que l'un des problèmes les plus aigus vécu par les garderies demeure celui des locaux. Il est difficile, surtout dans les grandes villes de trouver un local adéquat à un prix abordable. Des démarches sont donc entreprises auprès des municipalités régionales de comté (M.R.C.) et des communautés urbaines pour que celles-ci prévoient la localisation de garderies dans leur planification de l'utilisation de l'espace. Ainsi en 1985, l'Office et le ministère des Affaires municipales (M.A.M.) adoptent trois mesures pour favoriser l'implication des municipalités dans le dossier des services de garde:

- des modifications législatives permettent maintenant aux municipalités de vendre, louer ou prêter des locaux pour fins de garderie;

- les municipalités peuvent se prévaloir des subventions d'implantation et de fonctionnement de l'Office pour administrer un service de garde;

- le M.A.M. a administré de juin 1985 à avril 1987 un programme permettant aux municipalités de mettre des locaux à la disposition des nouvelles garderies sans but lucratif et des garderies obligées de se relocaliser pour être conforme à la nouvelle réglementation.

Notons également que les municipalités sont de plus en plus associées à l'implantation des services de garde et offrent parfois des services en jardins d'enfants ou en haltes-garderies. Elles doivent en outre surveiller l'application des règlements municipaux et peuvent, si elles le désirent, accorder des subventions. Un représentant du ministère des Affaires municipales siège à l'Assemblée des membres de l'Office sans droit de vote. Des fonctionnaires de ce ministère participent à des comités de travail pour faire valoir le point de vue du monde municipal.

Enfin, l'Office invite les employeurs dont les établissements sont situés dans un environnement propice à la garde des enfants à mettre leurs terrains et leurs locaux à la disposition de leurs employés qui désirent implanter un service de garde. La participation des entreprises privées est un élément important pour le développement des garderies en milieu de travail.

On ne peut donc nier qu'il y a eu ces dernières années une évolution des mentalités au Québec puisque le gouvernement, les administrateurs municipaux et même certaines entreprises privées sont maintenant conscients de la place que tiennent les services de garde dans la société.

L'action des regroupements de garderies : nouvelles priorités des années 1980

La grève des loyers menée en 1977 par plusieurs garderies logées dans les édifices de la Commission des écoles catholiques de Montréal (C.E.C.M.) n'a pas résolu le problème de logement. En effet, chaque année celles-ci sont soumises à des augmentations substantielles de loyer.

S.O.S. garderies réclame la gratuité pour les garderies logées dans les édifices publics et en 1980, sept d'entre elles entament pour la seconde fois une grève des loyers. L'action entreprise vise à sensibiliser la population et obtenir l'appui de toutes les garderies, des groupes populaires et des syndicats. Cet appui se concrétise lorsque le 30 octobre 1980, le Regroupement des garderies du Québec (R.G.Q.), le Regroupement des garderies du Montréal-Métropolitain (R.G.M.M.), les comités de condition féminine de la C.S.N. et de la C.E.Q., l'Alliance des professeurs de Montréal et l'Association d'éducation préscolaire du Québec donnent leur appui à la lutte menée par S.O.S. garderies. Ces organismes créent une table de concertation des garderies et réclament une politique de logement.

Le ministère de l'Éducation, conscient du problème, rend public en 1981 une étude qu'il a commandée à la suite des poursuites judiciaires entreprises contre les garderies en grève de loyer. Le rapport Boily-Bisaillon recommande, entre autres, que les garderies logées dans des écoles ou autres édifices publics et parapublics ne paient pas de loyer.

Entre temps, la situation s'est envenimée dans le milieu puisqu'en 1981, neuf garderies sont poursuivies en justice. À cette époque, les parties ont coupé les communications et les arrérages de dettes s'accumulent. En 1982, ce sont 14 garderies qui sont en grève de loyer dans la région de Montréal. De ce nombre, neuf logent dans des locaux de la C.E.C.M. alors que les autres sont situées dans les locaux de la Commission scolaire Sainte-Croix et du Conseil scolaire de l'Île de Montréal.

Le gouvernement est en mauvaise position et ne peut plus laisser pourrir la situation davantage. Il faut régler ce conflit et trouver une solution globale au problème de logement. Stella Guy et Nicole Boily[28] sont nommées comme médiatrices et les discussions se poursuivent pendant un an. En mars 1983, à la veille du procès, les garderies et les locateurs en arrivent à une entente sur le paiement des arrérages et sur la signature des nouveaux baux. Le gouvernement du Québec s'engage à payer le tiers de la dette alors que la C.E.C.M. accepte de réduire le montant de la dette globale et décide de ne pas réclamer les frais judiciaires.

Ce long conflit qui a duré trois ans a démontré le besoin de subventions et surtout d'une politique de logement pour les garderies. Cette politique devient d'ailleurs d'autant plus urgente qu'avec la réglementation qui doit être adoptée cette année-là, plusieurs garderies doivent investir ou se reloger pour devenir conformes à la loi.

Le dossier est cependant fort complexe parce que les situations varient d'un lieu à un autre. De plus, il faut obtenir la collaboration d'organismes publics et privés qui ne sont pas toujours convaincus de la nécessité de s'engager à ce niveau.

Autre dossier à l'ordre du jour dans les années 1980, la syndicalisation du personnel des garderies. S'il a beaucoup été

---

28. Stella Guy est présidente de l'Office des services de garde à l'enfance alors que Nicole Boily est attachée politique au bureau du Premier ministre.

question des parents et des enfants dans les différentes études, il y a lieu de s'interroger également sur le degré de satisfaction ou d'insatisfaction du personnel qui vit quotidiennement avec les enfants. Or, il appert que leurs conditions de travail sont inférieures à celles des personnes ayant une formation équivalente. Leur salaire est également bien en deçà de ce qui apparaît équitable compte tenu des qualifications exigées. Tous, y compris l'Office, reconnaissent cette iniquité et avouent volontiers que si les garderies ont survécu, c'est parce que le personnel et les parents y ont investi un nombre incalculable d'heures. Néanmoins dans le milieu, on estime que le bénévolat a fait son temps et qu'il faut maintenant reconnaître à sa juste valeur le travail investi auprès des enfants.

Le mouvement de syndicalisation du personnel des garderies sans but lucratif a véritablement débuté en 1980, sous l'impulsion de la C.S.N. Chaque année depuis, entre 15 et 25 garderies voient leur personnel obtenir une accréditation. Les syndiqués aimeraient à long terme rejoindre les conditions de travail des membres du réseau des affaires sociales. Notons que depuis le mois d'octobre 1985, la C.E.Q. a entrepris, elle aussi, un programme de syndicalisation.

Au 1er mars 1987, il y avait 144 garderies dont le personnel était syndiqué. Le personnel se syndique principalement pour les motifs suivants:

- obtenir une convention collective pour stabiliser ses relations de travail face à un employeur jugé inconstant;
- améliorer ses conditions de travail.

En outre, la C.S.N. met de l'avant des objectifs globaux tels:

- le développement d'un réseau universel et gratuit de garderies financées par l'État et contrôlées par les usagers et les travailleuses/travailleurs;
- l'uniformisation des conditions de travail dans les garderies (bénéfices marginaux et salaires);

• l'établissement d'un rapport de force réel avec l'État par le biais d'une table de négociation unique et centralisée.

Voilà qui indique que les débats sont loin d'être terminés. Comme nous l'avons vu, l'idée de la gratuité des services de garde héritée des luttes des années 1970 ne fait pas l'unanimité. Cependant, il se trouve toujours des gens ou regroupements pour ressortir ce vieux rêve que les budgets actuels de l'État ne peuvent combler.

Par ailleurs, ce cheminement vers la syndicalisation du personnel des garderies n'a pas évolué de façon linéaire parce que l'on se retrouve dans une situation bien particulière pour la négociation des conventions collectives. En effet, le contrôle aux usagers signifie que les corporations sont gérées par les parents. Or, comme les garderies ont des problèmes financiers et que l'on ne peut hausser davantage les frais de garde, qui paiera la note des augmentations de salaire? Le processus de négociation a donc fait l'objet d'un questionnement au sein des regroupements. Par exemple, avec qui faut-il négocier? Le Conseil d'administration de la garderie? Le gouvernement? L'Office des services de garde à l'enfance? L'Office des services de garde à l'enfance a rapidement clarifié sa position. Il n'est pas question de se substituer aux corporations dans le processus de négociation afin de respecter l'autonomie et le droit de gérance des services de garde.

Une histoire toujours en marche…

En 1982, le Conseil consultatif canadien de la situation de la femme présente un rapport[29] qui démontre que, partout au Canada, les problèmes sont les mêmes: manque de place dans les réseaux, coût élevé pour les parents et difficultés financières pour les garderies.

Les auteures du rapport soulignent l'importance d'une plus grande implication financière du gouvernement fédéral et

---

29. CONSEIL CONSULTATIF DE LA SITUATION DE LA FEMME. *De meilleurs soins de jour pour nos enfants, nouvelles options*. Ottawa, août 1982, 45 p.

proposent à cet effet qu'une loi nationale reconnaissant les garderies comme service essentiel soit adoptée. Ce n'est pas la première fois qu'une telle demande est formulée puisqu'en 1970 le Rapport de la Commission Royale d'enquête sur la situation de la femme et en 1979 le Rapport de la Commission canadienne pour l'Année internationale de l'enfant avaient fait cette recommandation.

Il est vrai que l'aide versée aux provinces par le gouvernement fédéral, en vertu du régime d'Assistance publique du Canada, ne profite qu'à très peu de familles. Les critères du programme doivent être repensés et on propose que des subventions d'exploitation soient versées en fonction du nombre d'enfants accueillis dans les garderies. Les gouvernements fédéral et provinciaux pourraient alors se partager également la moitié des coûts de ce programme et toutes les familles pourraient bénéficier des programmes d'aide financière.

Un mois après la présentation de ce rapport, une deuxième Conférence canadienne sur les services de garde[30] tient ses assises à Winnipeg. Sept cents délégués de toutes les provinces et territoire du Canada y participent. Les principales résolutions touchent la réglementation, la formation du personnel, les conditions de travail et le financement des services de garde dans les différentes provinces. Pour réaliser ces objectifs, un Comité national provisoire est formé sur le champ et quelques mois plus tard, soit en mars 1983, l'Association canadienne pour la promotion des services de garde à l'enfance (A.C.P.S.G.E.) voit le jour.

Ce nouvel organisme entend formuler des recommandations et faire des pressions pour développer et consolider les services de garde au plan national. Il réclame, entre autres, en 1984, la création d'une commission parlementaire pour l'élaboration d'un réseau intégré de services de garde accessibles à tous ainsi que l'introduction d'un programme de subvention pour soutenir et élargir l'offre des services de garde.

---

30. Rappelons que la première Conférence canadienne sur les services de garde avait eu lieu en 1971.

Cette recommandation sera entendue car peu de temps après le gouvernement fédéral met sur pied un groupe d'étude ministériel sur les services de garde au Canada et il en confie la direction à Katie Cook, une sociologue de la Colombie-Britannique.

En 1986, le rapport du groupe d'études fédéral est publié[31]. Il brosse un tableau de la situation et présente 53 recommandations touchant tous les aspects de la question (qualité et diversité des services, accessibilité financière, participation des parents, etc.). Il propose en outre un cadre pour l'établissement d'un service de garde de qualité et d'un régime complémentaire de congés parentaux.

Selon les données de ce nouveau rapport, c'est le gouvernement fédéral qui doit prendre l'initiative d'implanter des services de garde partout au pays. On ne précise toutefois pas quelles seraient les parts respectives du financement au fédéral et au provincial. Cette question du financement est sans doute la plus controversée puisque l'on propose la gratuité et l'universalité des services de garde comme le sont l'éducation et les soins de santé. Cette position entre en contradiction avec celle de l'Office qui maintient la participation financière des parents tout en fournissant une exonération pour les familles à faible revenu.

Il faut se rappeler à cet effet que, lors du Sommet sur la situation économique des femmes «Décision 85»[32], la position du gouvernement du Québec est claire. Par la voie de sa ministre déléguée à la Condition féminine, madame Francine Lalonde, il affirme qu'il n'est pas question de mettre sur pied un réseau universel et gratuit qui coûterait 2,3 $ milliards à la province. Cette affirmation, même si accompagnée de la promesse d'une augmentation de budget, n'en déçoit pas moins plusieurs syndicats et groupes de femmes.

---

31. MINISTÈRE DES APPROVISIONNEMENTS ET SERVICES. *Rapport du groupe d'études sur la garde des enfants.* Canada, Ottawa, 1986, 457 p.

32. Cette rencontre visait à préparer un bilan de la situation économique des femmes du Québec pour la Conférence de Nairobi au Kenya qui en juillet 1985, réunissait les femmes de tous les continents.

Peu de temps après, le Parti libéral prend le pouvoir et la nouvelle ministre responsable, madame Gagnon-Tremblay, crée en décembre 1986 un Comité consultatif chargé de revoir tout le dossier des services de garde au Québec. Ce comité a pour mandat «d'évaluer l'organisation, le fonctionnement, le

Madame Monique Gagnon-Tremblay,
ministre déléguée à la Condition
féminine et ministre responsable
de l'Office des services de garde
à l'enfance, de décembre 1985
à octobre 1989

Ministère des Communications de Québec

développement et le financement du système des services de garde ainsi que les principes et les orientations qui sous-tendent le système»[33].

Le rapport doit, par ailleurs, servir d'outil à la Ministre pour l'élaboration de son énoncé de politique sur les services de garde au Québec.

Les orientations générales, élaborées par le Comité consultatif et à partir desquelles il entend appuyer l'ensemble de ses recommandations, reprennent essentiellement les objectifs poursuivis par l'Office des services de garde à l'enfance depuis ses débuts. Ainsi se retrouvent:

- l'universalité des services de garde;

- la liberté de choix des parents;

- le contrôle des services de garde par les parents usagers;

- le financement des services de garde partagé entre les parents et la collectivité;

- les services de garde des milieux de vie favorisant le développement global de l'enfant;

- les services de garde, un élément de la politique familiale.

Le Comité dit accorder la priorité à la consolidation sans pour autant nier la nécessité du développement de nouvelles places.

Parmi les 63 recommandations présentées, on retrouve des demandes déjà formulées par l'Office des services de garde à l'enfance, les regroupements de garderies, les syndicats, les associations féminines et même le rapport Katie Cook. Cependant, si la majorité de ces recommandations font l'objet d'un large consensus, certaines sont sévèrement critiquées. Le Regroupement des garderies du Montréal-Métropolitain, par exemple, soutient que le Comité consultatif ne va pas assez loin dans ses propositions de financement parce que son mandat

---

33. GOUVERNEMENT DU QUÉBEC. *Rapport du Comité consultatif sur les services de garde à l'enfance.* Juin 1987, annexe B, p. 97.

le restreint à s'en tenir aux disponibilités budgétaires du moment. Il s'oppose également à la coupure d'aide financière aux bénéficiaires de l'aide sociale. En effet, partant du point de vue que le programme d'exonération financière ne rejoint pas les familles biparentales à revenu moyen, on proposait d'augmenter les plafonds de revenu pour rejoindre ces familles et limiter l'aide aux seuls enfants des bénéficiaires recommandés par un service social.

Autre sujet qui prête à controverse, le Comité propose d'interrompre le développement des garderies à but lucratif jusqu'à ce que le réseau soit consolidé. Il souhaite qu'un programme invite ces garderies à se transformer sur une base volontaire en garderie sans but lucratif. On peut imaginer la réaction de l'Association des propriétaires de garderies du Québec Inc.!

En définitive, autant de rapports, autant d'acquis ou de remise en question de certains principes. Chacun y va de ses recommandations particulières mais tous s'entendent sur l'essentiel, les services sont coûteux pour les parents et ne comblent pas les besoins grandissants au pays.

En dépit des faiblesses qui demeurent, nous devons conclure que le bilan est plutôt positif. D'immenses pas ont été franchis dans une période historique relativement courte. Tout était à faire, tout était à inventer, il n'y avait ni recette miracle, ni modèle social sur lequel se fier.

Et terminons notre propos sur une note positive. Il semble que de nouveaux changements se dessinent à l'horizon. Le gouvernement a annoncé l'élaboration pour 1987 d'une politique qui fera l'objet de consultation en commission parlementaire. On nous annonce également la possibilité d'un nouveau mode de financement. Impossible de mettre un point à cette histoire, elle est toujours en marche!

CHAPITRE 6

Conclusion

Derrière la petite histoire des services de garde, c'est tout le profil de l'évolution de la société québécoise qui se dessine. Ainsi on a longtemps glorifié la fécondité exceptionnelle des Québécoises les tenant seules responsables de la garde et de l'éducation des enfants. Et les femmes se sont acquittées admirablement bien de cette tâche grâce aux réseaux d'entraide qui se sont développés dans les sociétés rurales traditionnelles. Mais, les bouleversements économiques et sociaux engendrés par la révolution industrielle ont des répercussions directes sur la famille. Les rapports hommes/femmes et parents/enfants se transforment en même temps que se modifient les caractéristiques de la main-d'œuvre active. Avec l'arrivée de mères de famille sur le marché du travail salarié au 19e siècle, la nécessité de faire garder les enfants en dehors du milieu familial apparaît pour la première fois. Les communautés religieuses et les organismes de charité se chargent alors de recevoir les jeunes enfants dans leurs institutions. Mais ces initiatives demeurent largement insuffisantes et de nombreux enfants sont laissés seuls à la maison. Malgré les plaintes maintes fois formulées, le gouvernement refuse d'intervenir alléguant que la famille est l'unique responsable du soin et de l'entretien de ses enfants. Pendant plus de cent vingt-cinq ans, les garderies sont considérées comme une œuvre de charité et relèvent de l'initiative privée.

L'instauration des garderies au Québec s'est donc faite à partir des demandes qui émergeaient du milieu et sans planification préalable à l'échelle provinciale. Après les premières garderies des communautés religieuses, il y a les garderies privées qui se développent, puis les garderies populaires à but non lucratif. Le gouvernement a subi le développement des garderies, il ne l'a pas initié. Il a dû composer avec une réalité qui lui échappait et n'a fait que réagir aux pressions des associations féminines et des regroupements de garderies.

Cependant, les premières politiques en matière de services de garde au Québec, en 1974 et 1978, ne font que perpétuer le préjugé qui veut que la garderie soit assimilée à l'assistance publique. En effet, en octroyant une aide aux familles à faible revenu plutôt que des subventions directes aux services de garde, on prolonge la tradition voulant que la garderie serve d'abord et avant tout les familles pauvres.

Les enjeux qui ont amené l'instauration du plan Bacon, puis l'adoption en 1979 de la loi cadre sur les services de garde à l'enfance sont donc lourds de conséquence. Aujourd'hui, il n'y a pas que le travail salarié ou la mauvaise condition physique de la mère qui motive la demande de services de garde. Les besoins ont évolué et la famille s'est transformée. On exige en outre des modes de garde diversifiés qui répondent aux attentes des différentes régions.

L'idéal des garderies populaires voulant que la garde des enfants devienne une responsabilité collective a fait son chemin. La création de l'Office des services de garde à l'enfance témoigne de la volonté du gouvernement de s'impliquer dans le développement des services de garde. De plus, conformément aux principes qui animaient les promoteurs des années 1970, l'Office entend privilégier le développement des garderies à but non lucratif et contrôlées par les parents.

Autres acquis de la lutte des garderies, l'éducation des jeunes enfants n'est plus uniquement l'affaire des femmes. Désormais, les hommes se sentent eux aussi concernés par cette question. Enfin, suite au travail de sensibilisation entrepris par l'Office pour se trouver des partenaires sociaux, un nombre croissant de commissions scolaires, de municipalités et d'entreprises privées ont décidé de joindre leurs efforts pour participer à cette grande aventure.

Quelques ombres au tableau : l'insatisfaction des employés des services de garde qui voudraient, avec raison, que leur travail soit reconnu à sa juste valeur et les frais de garde élevés des services de garde pour les familles ne bénéficiant pas d'aide financière. La clientèle des services de garde se polarise toujours autour des familles monoparentales ou à faible revenu et des familles à revenu élevé. Les premières reçoivent l'aide maximum du gouvernement, les secondes sont favorisées par les abattements fiscaux. Entre les deux, les familles biparentales à revenu moyen qui ne retirent à peu près rien du système. Il y a donc encore beaucoup à faire pour que les services de garde deviennent largement accessibles.

Cependant, cette fois, le sillon est tracé, profond, enraciné dans la mentalité collective. Les services de garde existent, ils sont là pour demeurer et ils vont continuer à se développer.

L'éducation et le bien-être des enfants, ce n'est plus uniquement la responsabilité des parents. La reconnaissance du droit aux services de garde en tant que support social aux familles implique une vision nouvelle pour l'avenir. Et en ce sens, on peut sûrement affirmer que les années 1980 auront été «la révolution tranquille des garderies».

La petite histoire des services de garde se poursuit donc, à petits pas et à la course. Comme un enfant qui grandit…

Quelques points saillants sur l'histoire des garderies entre 1968 et 1987

1968	• Projet pilote du ministère provincial de la Famille et du Bien-être social pour financer partiellement quelques garderies situées dans des quartiers défavorisés • La direction de l'Agrément du ministère provincial de la Famille et du Bien-être social délivre des permis aux garderies
1971	• Comité interministériel sur les services de garde de jour • Fondation de l'Association des propriétaires de garderies privées du Québec
1972	• Mise sur pied de plusieurs garderies populaires dans le cadre des projets Perspectives jeunesse et Initiatives locales financés par le gouvernement fédéral
1972	• Normes provinciales pour les garderies • Le Régime d'assistance publique du Canada (RAPC) inclut les garderies • Mesures fiscales pour déduction des frais de garde au fédéral et au provincial
1972	• Formation du Comité de liaison des garderies populaires (CLGP)
1974	• Formation du regroupement des garderies de la région 6C
1972-1974	• Lutte pour la survie des garderies populaires
Juin 1974	• **Plan Bacon : première politique sur les services de garde**
Octobre 1974	• Fondation de SOS garderies

1975	• **Création du Service des garderies du ministère des Affaires sociales**
1976	• Scission au sein de SOS garderies
1974-1978	• Lutte contre le Plan Bacon
Mai 1977	• **Formation du Comité interministériel sur les services d'accueil à la petite enfance (MAS-MAQ-CSF)**
1977	• Grève des loyers organisée par SOS garderies (18 mois)
Septembre 1977	• Fondation du Regroupement des garderies du Montréal métropolitain (RGMM)
Octobre 1977	• Congrès du Regroupement provincial des services de garde
Mai 1978	• Congrès de fondation du Regroupement des garderies sans but lucratif du Québec (RGQ)
Octobre 1978	• **Nouvelle «politique Marois/Lazure»** • Le rapport du comité interministériel sur les services d'accueil à la petite enfance est rendu public.
1978-1979	• Le RGQ lutte contre la «politique Marois/Lazure»
Avril 1979	• Le Regroupement des garderies de la région 6C se retire du RGQ
28 Août 1979	• Avant-projet de loi sur les services de garde à l'enfance
2-18 octobre 1979	• Commission parlementaire sur l'avant-projet de loi
1979	• Front commun contre le projet de loi 77
Décembre 1979	• **Adoption de la Loi sur les services de garde à l'enfance**

1980	• **Création de l'Office des services de garde à l'enfance** • Lizette Gervais présidente de l'Office des services de garde à l'enfance
1981	• Formation du Regroupement des agences de services de garde en milieu familial du Québec (RASGMFQ)
1982	• Stella Guy présidente de l'Office des services de garde à l'enfance • Rapport du Conseil consultatif canadien de la situation de la femme (CCSF) sur les garderies • 2e Conférence nationale sur les services de garde (Winnipeg) • L'OSGE entreprend une tournée de consultation provinciale portant sur la consolidation et le développement des services de garde • Fin de la grève des loyers
1983	• Adoption du Règlement sur les services de garde en garderie • Adoption d'une politique de logement des garderies dans les édifices publiques • Adoption d'une politique d'intégration des enfants andicapés • Naissance de l'Association canadienne pour la promotion des services de garde à l'enfance
1984	• Adoption d'une politique concernant la garde en milieu familial • Adoption d'un projet de politique concernant la garde des poupons • Adoption par le ministère des Affaires municipales (MAM) d'une politique de financement pour l'implantation et le changement de localisation des garderies
1985	• Incorporation des regroupements régionaux de garderies sous le nom «Concertation inter-régionale des garderies du Québec» • Premier colloque provincial sur la qualité de vie dans les services de garde • Adoption d'une politique à l'égard de la gestion des ressources humaines dans les services de garde • Entrée en vigueur des dispositions du Règlement sur les services de garde en garderie relatives aux locaux

- Conférence sur la sécurité économique des québécoises « Décision 85 »
- Première rencontre annuelle des responsables provinciaux des services de garde du Canada
- Fondation de l'Association des services de garde en milieu scolaire du Québec inc.

1986
- Création du Comité consultatif sur les services de garde à l'enfance
- Rapport du groupe d'études fédéral sur la garde des enfants
- Tournée de consultation concernant le projet de règlement sur les agences de garde en milieu familial

Bibliographie sélective

Cette bibliographie n'est pas exhaustive. Le lecteur ne trouvera ici que les principaux titres des ouvrages, articles ou études qui ont servi de base pour mener à bien cette recherche. Pour avoir une idée des sources utilisées, on pourra se référer à la publication *L'histoire des garderies au Québec entre 1968 et 1980*, de Ghislaine Desjardins et Éric Alsène.

AUGER, Geneviève et LAMOTHE, Raymonde, *De la poêle à frire à la ligne de feu. La vie quotidienne des Québécoises pendant la guerre '39-'45*, Montréal, Boréal Express. 1981, p. 119-164.

BERTHOLD, Jean, «L'institutionnalisation de la petite enfance», dans *Des p'tits, des p'tits, des p'tits*, cahier n° 4, Montréal, Les presses solidaires, 1982, p. 3-7.

BRADBURY, Bettina, «L'économie familiale et le travail dans une ville en voie d'industrialisation : Montréal dans les années 1870», dans *Maîtresses de maison, maîtresses d'école* de Nadia Fahmy-Eid et Micheline Dumont, Montréal, Boréal Express, 1983, p. 287-318.

BROUILLET, C., C. MERCIER et R. TESSIER. *Des garderies malgré tout. Situation des garderies au Québec en 1981*. Québec, Offices des services de garde à l'enfance, «Études et recherches», vol. 1, 1981, 229 p.

CENTRE DE FORMATION POPULAIRE, *Le mouvement des femmes au Québec*, Montréal, Les Presses solidaires, 1982, 77 p.

COLLECTIF, *Dossier garderies : pour un réseau universel et gratuit*, 1979, 56 p.

COMITÉ INTERMINISTÉRIEL SUR LES SERVICES D'ACCUEIL À LA PETITE ENFANCE, *Rapport*, Québec, Éditeur officiel, 1978, 126 p.

COMMISSION ROYALE D'ENQUÊTE SUR LA SITUATION DE LA FEMME AU CANADA, *Rapport*, Ottawa, Approvisionnements et services Canada, 1970, 540 p.

CONSEIL CONSULTATIF CANADIEN DE LA SITUATION DE LA FEMME. *Des meilleurs soins de jour pour nos enfants, nouvelles options*. Ottawa, août 1982.

CONSEIL DU STATUT DE LA FEMME, *Pour les Québécoises, égalité et indépendance*, Québec, Éditeur officiel, 1978, 335 p.

CROSS, Suzanne, «La majorité oubliée : le rôle des femmes à Montréal au 19ᵉ siècle», dans *Travailleuses et féministes. Les femmes dans la société québécoise* de Marie Lavigne et Yolande Pinard, Montréal, Boréal Express, 1983.

BILLY, Hélène de, «Grandeur et misère des services de garde au Québec», dans *La Gazette des femmes*, vol. 4, n° 6, janvier-février 1983, p. 8-11.

DE BONVILLE, Jean, *Jean-Baptiste Gagnepetit. Les travailleurs montréalais à la fin du XIXᵉ siècle*, Montréal, L'aurore, 1975, 247 p.

DENIS, Claire, «Les petits Québécois seront-ils bien gardés?», dans *La Gazette des femmes*, vol. 1, n° 2, novembre 1979, p. 20-21.

DUMONT, Micheline, «Des garderies au 19ᵉ siècle: les salles d'asile des sœurs Grises à Montréal», dans *Maîtresses de maison, maîtresses d'école* de Nadia Fahmy-Eid et Micheline Dumont, Montréal, Boréal Express, 1983, p. 261-285.

GAUTHIER, Anne, «Les politiques sociales et le travail domestique ou une liaison entre les femmes et l'État», tiré du document n° 7, *Les politiques sociales*, un des volets de la recherche sur le travail domestique réalisé par le Conseil du Statut de la femme, 1983, 139 p.

GÉLINAS, Michèle, «Une histoire de garderies...» dans *La Gazette des femmes*, vol. 5, n° 1, mai-juin 1983, p. 20-21.

GOUVERNEMENT DU QUÉBEC. *Rapport du Comité consultatif sur les services de garde à l'enfance.* Juin 1987, 112 p.

MINISTÈRE DES APPROVISIONNEMENTS ET SERVICES. *Rapport du groupe d'études sur la garde des enfants.* Canada, Ottawa, 1986, 457 p.

JOHNSON, Doris, *Des facteurs d'admission en garderie de jour*, thèse de Service social, Université de Montréal, 1950, 64 p.

LANCTÔT, Martine, *La genèse et l'évolution du mouvement de libération des femmes à Montréal*, 1969-1979, thèse de maîtrise, histoire, UQAM, 1980, 207 p.

LE COLLECTIF CLIO, *L'histoire des femmes au Québec depuis quatre siècles*, Montréal, Quinze, 1983, 521 p.

OFFICE DES SERVICES DE GARDE À L'ENFANCE, «Entrevue avec Marie-Paul Dandois», dans *petit à petit*, vol. 1, n° 1, mai 1982, p. 12-14.

OFFICE DES SERVICES DE GARDE À L'ENFANCE. *Fiches d'information pour le bilan des cinq ans de l'Office.* Longueuil, novembre 1985.

OFFICE DES SERVICES DE GARDE À L'ENFANCE. *Rapport annuels 1980-1981, 1981-1982, 1982-1983, 1983-1984, 1984-1985, 1985-1986, 1986-1987.* Québec, Les Publications du Québec.

OFFICE DES SERVICES DE GARDE À L'ENFANCE. *Situation actuelle et perspectives de développement des services de garde à l'enfance au Québec 1983-1988.* Québec, 1983, 215 p.

SCHULZ VANDEBELT, Patricia, «Day Care in Canada: 1850-1962», dans *Good Day Care, Fighting for it, Getting It, Keeping It*, de Kathleen Gallagher Ross, Toronto, The Women Press, 1978, p. 137-158.

TOUPIN, Louise et O'LEARY, Véronique, *Québécoises deboutte! Une anthologie de textes du Front de libération des femmes (1969-1971) et du Centre des femmes (1972-1975)*, Tome 1, Montréal, les éditions du Remue-Ménage, 1982, 212 p.

TOUPIN, Louise et O'LEARY, Véronique, *Québécoises deboutte!*, Collection complète, Tome 2, Montréal, les éditions du Remue-Ménage, Montréal, 1983, 374 p.

Achevé d'imprimer en août 1999
sur les presses de l'imprimerie
AGMV Marquis inc.
à Cap-Saint-Ignace